中等职业教育会计专业系列教材

"十四五"职业教育国家规划教材

"十三五"职业教育国家规划教材

配套教学用书

QIYE KUAIJI SHIWU

XITIJI

企业会计实务

习题集（第三版）

王朝霞　主　编

龙　潇　沈小林　副主编

东北财经大学出版社　　大连

Dongbei University of Finance & Economics Press

U0656786

图书在版编目（CIP）数据

企业会计实务习题集 / 王朝霞主编．—3版．—大连：东北财经大学出版社，2024.6
（中等职业教育会计专业系列教材）
ISBN 978-7-5654-5213-0

Ⅰ．企…　Ⅱ．王…　Ⅲ．企业会计-会计实务-中等专业学校-习题集
Ⅳ．F275.2-44

中国国家版本馆CIP数据核字（2024）第068914号

东北财经大学出版社出版
（大连市黑石礁尖山街217号　邮政编码　116025）
网　　址：http://www.dufep.cn
读者信箱：dufep@dufe.edu.cn
大连东泰彩印技术开发有限公司印刷　东北财经大学出版社发行
幅面尺寸：185mm×260mm　　字数：249千字　　印张：10.75
2024年6月第3版　　　　　　　　　　　2024年6月第1次印刷
责任编辑：周　欢　刘晓彤　　　　　　责任校对：一　心
封面设计：原　皓　　　　　　　　　　版式设计：原　皓
定价：25.00元

教学支持　售后服务　　联系电话：（0411）84710309
版权所有　侵权必究　　举报电话：（0411）84710523
如有印装质量问题，请联系营销部：（0411）84710711

第三版前言

党的二十大报告指出："我们要坚持教育优先发展、科技自立自强、人才引领驱动，加快建设教育强国、科技强国、人才强国，坚持为党育人、为国育才。"为了实现这一目标，需要加快职业教育体系构建，需要深化职业教育教学改革，加强中等职业教育教材建设和管理，建设、配置优质的教学资源，提高职业教育质量。

为了实现职业教育目标，需要深化教育教学改革，注重建设、配置优质的教学资源，并加强中等职业教育教材建设，保证教学资源的基本质量。通过不断推进教育现代化，加强教育教学方式的改革和创新，打破传统的教学模式，更好地适应中等职业学校财经类专业"企业会计实务"课程教学的需要，为此，我们组织修订了《企业会计实务习题集》（第三版），与主教材《企业会计实务》（第三版）配套使用，为教师和学生提供更好的教学资源和学习辅导。

编者以最新的《企业会计准则》《小企业会计准则》以及教育部发布的最新版的《职业教育专业简介》（2022年修订）中的"财经商贸类"中的财务会计类专业简介为依据，同时参考国家最新的税务制度改革的基本要求，针对小企业的实际情况和教学需要，调整和删减了第二版教材的部分内容，做了有效、实用的修订。

本习题集针对主教材财产物资、往来款项、对外投资、工资薪酬、财务成果、筹资业务和财务报表等七个项目内容进行了知识巩固和技能强化。首先，使学生在理实一体的教学过程中明确学习目标，认识会计工作的具体内容，逐步提升学习兴趣，培养会计实操技能；其次，通过"教、学、做"合一，方便教师组织教学，针对性、实用性较强；同时，编有综合模拟题和技能达标题各两套以及全书各部分的习题答案。

本习题集由长沙财经学校王朝霞任主编，龙潇、沈小林任副主编。参加编写修订的老师还有长沙财经学校的王朝辉、楚立可、曾佳、梁科、范喜美，长沙县职业中专学校的王漾，浏阳市职业中专学校的樊丽华，宁乡职业中专学校的肖纯，望城职业中专学校的张银芳。

本习题集在编写过程中还得到了长沙市财经商贸教学研究会和长沙市中职财经类名师工作室各成员的大力支持，以及长沙商贸旅游职业技术学院、长沙民政职业技术学院、长沙大学大数据与会计专业教师的大力支持。特别感谢长沙大学邓中华教授、湖南金信达会计师事务所谢志明所长、华新项目管理集团有限公司财务总监刘军、湖南求臻会计师事务所李求真所长对教材内容的细节指导，对内容编写的质量把关，为参编教师提供的无私帮助。

由于编者水平有限，书中难免有不当之处，敬请批评指正，我们将进一步修订完善。

编　者
2024年3月

目 录

项目一　财产物资

一、单项选择题

1.小企业在采购业务中，货款已经支付、材料同时验收入库的情况下，购买材料发生的运费（　　）。

A.计入材料的采购成本　　　　　　B.不计入材料的采购成本

C.作为管理费用　　　　　　　　　D.作为销售费用

2.小企业按实际成本组织材料核算时，对于货款已付而尚未验收入库的材料，记入（　　）账户。

A."在途物资"　　　　　　　　　　B."原材料"

C."材料采购"　　　　　　　　　　D."应收账款"

3.小企业发出的原材料与产品生产直接有关（如构成产品实体），应记入（　　）账户。

A."生产成本"　　　　　　　　　　B."制造费用"

C."管理费用"　　　　　　　　　　D."主营业务成本"

4.小企业对于购入商品发生的运输费用，处理正确的是（　　）。

A.应计入商品的采购成本　　　　　B.应直接计入销售费用

C.应记入"库存商品"账户　　　　　D.不能计算增值税进项税额

5.小企业月末"在途物资"账户的借方余额，反映（　　）的采购（进价）成本。

A.库存商品　　　　　　　　　　　B.原材料

C.在途材料　　　　　　　　　　　D.销售商品

6.小企业"材料采购"明细账，一般按（　　）设置明细账户。

A.材料重量　　　　　　　　　　　B.材料的多少

C.供货单位名称　　　　　　　　　D.采购员

7.小企业存货盘盈是指存货的实存金额大于账存金额的差额，对于盘盈的各种材料或商品等，按照管理权限经批准后处理时，借记"待处理财产损溢"账户，贷记（　　）账户。

A."营业外收入"　　　　　　　　　B."其他应收款"

C."营业外支出"　　　　　　　　　D."本年利润"

8.下列关于小企业无形资产的特征，说法不正确的是（　　）。

A.无形资产不具有实物形态　　　　B.无形资产不属于非货币性资产

C.持有主要目的是为小企业使用而非出售　D.创造经济利益时有较大不确定性

9.某小企业于2023年1月1日购入一项专利权，实际支付买家相关费用共计36万元。该专利权的摊销期限为5年。2024年4月1日，该小企业将专利权的所有权转让，取得价款20万元，转让交易的增值税税率为6%。则转让该专利权形成的净损失为（　　）万元。

A.8.2   B.7

C.7.6   D.6.4

10.小企业自创的无形资产，在研制过程中发生的材料费用，应先记入（   ）账户。

A."无形资产"   B."管理费用"

C."研发支出"   D."长期待摊费用"

11.小企业有偿取得的土地使用权，应记入（   ）账户。

A."无形资产"   B."管理费用"

C."长期待摊费用"   D."开发成本"或"在建工程"

12.甲小企业自行开发一项专利技术，在研究开发过程中实际发生材料费用20万元，参与开发的人员工资和福利费70万元，其他研发费用10万元，其中资本化支出70万元。2023年6月，该无形资产的入账价值为（   ）万元。

A.110   B.100

C.80   D.70

13.接受投资者投入的无形资产，应按（   ）入账。

A.同类无形资产的价格   B.可能带来的未来现金流量

C.投资合同或协议约定的价值   D.投入无形资产的账面价值

14.小企业不能可靠估计无形资产使用寿命时，无形资产的摊销期限按（   ）进行摊销。

A.不低于5年   B.不超过5年

C.不超过10年   D.不低于10年

15.小企业专门用于生产某种产品的无形资产，其摊销额应计入（   ）。

A.制造费用   B.财务费用

C.销售费用   D.管理费用

16.小企业应当按照（   ）进行固定资产初始计量。

A.公允价值   B.实际成本

C.可收回金额   D.买价

17.宁阳小企业于2023年9月1日购入一台不需要安装的生产设备，取得的增值税专用发票上注明买价30 000元，增值税3 900元，支付运输费500元。该设备的入账价值为（   ）元。①

A.30 000   B.34 400

C.33 900   D.30 500

18.下面关于小企业固定资产的折旧说法中正确的是（   ）。

A.已提足折旧仍在使用的固定资产不需要计提折旧

B.单独计价入账的土地需要计提折旧

C.我国小企业只能按照年限平均法（直线法）计提折旧

D.为了简化核算，当月增加的固定资产，当月需要计提折旧

19.固定资产预计净残值是指（   ）。

---

① 本习题集涉及制造业等行业的增值税税率按13%计征，交通运输业、建筑业等行业的增值税税率按9%计征。

A.固定资产预计处置收入

B.固定资产预计处置费用

C.固定资产预计处置收入减去预计处置费用

D.固定资产原值减去预计处置费用

20.小企业基本车间使用的固定资产发生的修理费，应记入（　　）账户。

A.“管理费用”　　　　　　　　　　B.“制造费用”

C.“生产成本”　　　　　　　　　　D.“销售费用”

21.小企业因出售、报废、毁损或对外投资等原因转入清理的固定资产净值，应记入（　　）账户。

A.“管理费用”　　　　　　　　　　B.“营业外支出”

C.“固定资产清理”　　　　　　　　D.“待处理财产损溢”

22.小企业清理报废固定资产人员的工资，应记入（　　）账户。

A.“管理费用”　　　　　　　　　　B.“制造费用”

C.“营业外支出”　　　　　　　　　D.“固定资产清理”

23.下列物资中，不属于小企业存货的是（　　）。

A.在途物资　　　　　　　　　　　B.库存商品

C.周转材料　　　　　　　　　　　D.工程物资

24.小企业（增值税一般纳税人）外购存货的采购成本，通常不包括（　　）。

A.增值税专用发票上的增值税　　　B.运输途中的保险费

C.运杂费　　　　　　　　　　　　D.运输途中的合理损耗

25.小企业接受投资者投资取得的存货，其入账价值应该是（　　）。

A.投出单位的账面价值　　　　　　B.投资合同或协议约定的价值

C.投出单位的原购置价值　　　　　D.存货未来现金流量的现值

26.发出存货采用先进先出法计价时，在存货价格上涨的情况下，将会使小企业（　　）。

A.期末存货增加、当期利润减少　　B.期末存货增加、当期利润增加

C.期末存货减少、当期利润减少　　D.期末存货减少、当期利润增加

27.小企业“在途物资”账户的借方核算（　　）。

A.所有外购材料的实际采购成本

B.货款已付、尚未验收入库在途物资的实际采购成本

C.货款未付、尚在运输途中材料的实际采购成本

D.货款已付、尚在运输途中材料的实际采购成本

28.小企业外购材料发生短缺，经查实是供货单位少发造成的，在货款已付的情况下应向供货单位索赔，并转入（　　）账户核算。

A.“应付账款”　　　　　　　　　　B.“应收账款”

C.“其他应收款”　　　　　　　　　D.“材料采购”

29.小企业房屋、建筑物计算折旧的最低年限是（　　）年。

A.4　　　　　　　　　　　　　　　B.5

C.10　　　　　　　　　　　　　　 D.20

30. 小企业由于自然灾害造成的存货毁损，应将其净损失记入（　　）账户。

A. "管理费用"　　　　　　　　　　　　B. "其他业务成本"

C. "制造费用"　　　　　　　　　　　　D. "营业外支出"

31. 小企业固定资产计提折旧的依据，应采用（　　）。

A. 历史成本　　　　　　　　　　　　　B. 净值

C. 折余价值　　　　　　　　　　　　　D. 公允价值

32. 小企业领用随同商品出售并单独计价的包装物时，其包装物成本应计入（　　）。

A. 管理费用　　　　　　　　　　　　　B. 销售费用

C. 其他业务成本　　　　　　　　　　　D. 营业外支出

33. 小企业某生产设备采用年限平均法计提折旧，原始价值为150万元，预计使用年限为10年，预计净残值率为4%。该设备的月折旧额为（　　）万元。

A. 15　　　　　　　　　　　　　　　　B. 3

C. 12.5　　　　　　　　　　　　　　　D. 1.2

34. "固定资产"账户用于核算小企业持有的（　　）。

A. 固定资产原价　　　　　　　　　　　B. 固定资产折余价值

C. 固定资产损耗价值　　　　　　　　　D. 固定资产账面价值

35. 下列项目中，不通过"在建工程"账户核算的是（　　）。

A. 购入不需要安装的设备　　　　　　　B. 出包建造仓库

C. 厂房改扩建　　　　　　　　　　　　D. 购入需要安装的设备

36. 下列项目中，不会引起固定资产账面价值变化的是（　　）。

A. 固定资产报废　　　　　　　　　　　B. 计提固定资产折旧

C. 固定资产改扩建　　　　　　　　　　D. 固定资产大修理

37. 小企业存货的加工成本不包括（　　）。

A. 管理部门耗用的材料　　　　　　　　B. 生产工人的工资

C. 制造费用　　　　　　　　　　　　　D. 生产工人的保险费

38. 小企业"材料采购"明细账采用（　　）登记。

A. 平行登记法　　　　　　　　　　　　B. 完工百分比法

C. 直线法　　　　　　　　　　　　　　D. 横线登记法

39. 小企业"生产成本"账户的期末借方余额表示（　　）。

A. 完工产品的实际成本　　　　　　　　B. 尚未完工在产品的实际成本

C. 入库产品的实际成本　　　　　　　　D. 生产产品发生的费用

40. 下列项目中，不通过"固定资产清理"账户核算的是（　　）。

A. 盘亏的固定资产　　　　　　　　　　B. 出售的固定资产

C. 报废的固定资产　　　　　　　　　　D. 毁损的固定资产

二、多项选择题

1. 小企业应当采用（　　）计算确定发出材料的实际成本，计价方法一经选定，不得随意变更。

A.先进先出法　　　　　　　　　　　　B.加权平均法

C.个别计价法　　　　　　　　　　　　D.实地盘点法

2.小企业原材料按计划成本计价核算，需要设置（　　）等账户。

A."原材料"　　　　　　　　　　　　B."材料采购"

C."材料成本差异"　　　　　　　　　　D."在途物资"

3.对于小企业"材料成本差异"账户的结构，下列说法正确的有（　　）。

A.借方登记入库材料的超支差异　　　　B.贷方登记入库材料的节约差异

C.借方登记发出材料应负担的节约差异　D.贷方登记发出材料应负担的超支差异

4.下列关于小企业原材料总分类账的说法中，正确的有（　　）。

A.只核算金额，不核算材料的数量

B.总账账页格式采用三栏式

C.原材料总账可以根据记账凭证逐笔登记

D.可以根据科目汇总表定期登记

5.下列不属于小企业存货的有（　　）。

A.货物已经发出，但所有权尚未转移给购买方的货物

B.已经收到货物，但尚未收到销售方结算发票等的货物

C.按照销售合同、协议已确认销售，但尚未发运的货物

D.企业为建造固定资产等各项工程而储备的各种材料

6.下列关于"材料成本差异"账户的说法中，正确的有（　　）。

A.属于资产类账户，又属于原材料的调整账户

B.期末只能有借方余额

C.期末借方余额，反映小企业库存材料的实际成本大于计划成本的超支差异

D.期末如为贷方余额，则反映小企业库存材料的实际成本小于计划成本的节约差异

7.下列各项中，会引起无形资产账面价值发生增减变动的有（　　）。

A.依法取得自创专利权发生的注册费支出　B.转让无形资产的使用权

C.摊销无形资产的成本　　　　　　　　　D.转让无形资产的所有权

8.小企业无形资产的确认条件有（　　）。

A.符合无形资产的定义　　　　　　　　B.产生的经济利益很可能流入小企业

C.成本能够可靠计量　　　　　　　　　D.无形资产应按其成本入账

9.下列资产属于小企业固定资产的有（　　）。

A.房屋　　　　　　　　　　　　　　　B.建筑物

C.生产设备　　　　　　　　　　　　　D.运输汽车

10.下列项目中，属于固定资产（机器设备）成本的有（　　）。

A.固定资产的运杂费　　　　　　　　　B.固定资产的买价

C.固定资产购进的增值税进项税额　　　D.固定资产的安装费

11.根据固定资产的定义，小企业固定资产具有的特征包括（　　）。

A.为生产商品、提供劳务、出租或经营管理而持有

B.为销售或耗用而持有

C.有形资产

D.使用寿命超过一个会计年度

12.影响小企业固定资产折旧的因素主要有（　　　）。

A.固定资产原价　　　　　　　　　B.固定资产预计净残值

C.固定资产减值准备　　　　　　　D.固定资产使用寿命

13.下列有关小企业固定资产折旧的说法中，正确的有（　　　）。

A.已提足折旧仍继续使用的固定资产不再计提折旧

B.提前报废的固定资产应继续补提折旧

C.当月增加的固定资产，当月不计提折旧，从下月起计提折旧

D.当月减少的固定资产，当月仍计提折旧，从下月起不计提折旧

14.下列各项业务中，小企业应通过"固定资产清理"科目核算的有（　　　）。

A.对外投资的固定资产　　　　　　B.出售的固定资产

C.报废的固定资产　　　　　　　　D.毁损的固定资产

15.小企业"固定资产清理"账户贷方核算的内容包括（　　　）。

A.发生的清理费用　　　　　　　　B.清理过程中取得的变价收入

C.结转的固定资产清理净损失　　　D.结转的固定资产清理净收益

16.小企业固定资产使用中发生的折旧费，应按照固定资产的受益对象，借记（　　　）账户。

A."制造费用"　　　　　　　　　　B."管理费用"

C."生产成本"　　　　　　　　　　D."财务费用"

17.小企业存货盘亏及毁损，扣除残料价值后，按管理权限批准后可能转入（　　　）账户。

A."其他应收款"　　　　　　　　　B."管理费用"

C."营业外支出"　　　　　　　　　D."销售费用"

18.工业小企业采购原材料过程中发生的下列支出，应计入原材料采购成本的有（　　　）。

A.采购人员差旅费　　　　　　　　B.运杂费

C.运输途中合理损耗　　　　　　　D.入库前挑选整理费

19.小企业存货确认的条件包括（　　　）。

A.存货是否存放于小企业

B.存货能否为小企业带来利润

C.存货包含的经济利益很可能流入小企业

D.存货的成本能够可靠地计量

20.下列凭证属于小企业原材料收入核算原始凭证的有（　　　）。

A.收料单　　　　　　　　　　　　B.材料交库单

C.领料单　　　　　　　　　　　　D.收料凭证汇总表

21.下列凭证属于小企业原材料发出核算原始凭证的有（　　　）。

A.领料单　　　　　　　　　　　　B.限额领料单

C.领料登记簿　　　　　　　　　　D.发料凭证汇总表

22.小企业不应计入存货成本的有（　　　）。

A.非正常消耗的直接材料、直接人工和制造费用

B.存货采购入库后发生的一般储存费用

C.存货在生产过程中为达到下一个生产阶段所必需的仓储费用

D.不能归属于使存货达到目前场所和状态的其他支出

23.下列材料属于小企业原材料范畴的有（　　）。

A.辅助材料　　　　　　　　　　B.外购半成品

C.修理用备件　　　　　　　　　D.包装材料

24.小企业的周转材料包括（　　）。

A.包装材料

B.包装物

C.低值易耗品

D.小企业（建筑业）的钢模板、木模板、脚手架

25."材料成本差异"账户的借方登记（　　）。

A.入库材料的超支差异　　　　　B.入库材料的节约差异

C.发出材料应负担的节约差异　　D.发出材料应负担的超支差异

26."待处理财产损溢"账户可按（　　）设置明细账户。

A.待处理固定资产损溢　　　　　B.待处理流动资产损溢

C.商品的类别　　　　　　　　　D.供货单位

27.下列项目中，属于小企业固定资产成本的有（　　）。

A.固定资产的运杂费　　　　　　B.固定资产的买价

C.固定资产的非常损失　　　　　D.固定资产的安装费

28.下列关于小企业无形资产后续计量的表述中，正确的有（　　）。

A.在资产负债表日，无形资产后续应以成本减去累计摊销额计量

B.使用寿命有限的无形资产应采用合理的方法摊销

C.无形资产摊销方法只能采用直线摊销法

D.不能可靠估计无形资产使用寿命时，摊销期不长于10年

29.小企业发出低值易耗品时，可以借记（　　）账户。

A."制造费用"　　　　　　　　　B."管理费用"

C."销售费用"　　　　　　　　　D."财务费用"

30.下列项目中，小企业需要通过"在建工程"账户核算的有（　　）。

A.外购不需要安装的固定资产　　B.外购需要安装的固定资产

C.自营工程方式建造的固定资产　D.出包工程方式建造的固定资产

31.小企业确定固定资产使用寿命时，应当考虑的因素主要有（　　）。

A.预计生产能力或实物能力　　　B.预计有形损耗或无形损耗

C.固定资产原价　　　　　　　　D.法律或者类似规定对资产使用的限制

32.小企业确定固定资产（机器设备）处置损益时，应当考虑的因素有（　　）。

A.累计折旧　　　　　　　　　　B.清理费用

C.固定资产原值　　　　　　　　D.保险赔偿

33.小企业采用（　　）方法能够随时确定发出存货的成本。

A.先进先出法　　　　　　　　　B.月末一次加权平均法

C.移动加权平均法　　　　　　　D.个别计价法

34.小企业"固定资产清理"账户的借方登记的项目有（　　）。

A.变价收入　　　　　　　　　　B.转入清理的固定资产净值

C.结转的清理净收益　　　　　　D.结转的清理净损失

35.小企业由于固定资产在生产经营过程中服务的领域和作用的不同，提取的固定资产折旧可能记入（　　）账户。

A."制造费用"　　　　　　　　B."管理费用"

C."销售费用"　　　　　　　　D."其他业务成本"

36.小企业出售无形资产取得的净损失，不应计入（　　）。

A.营业外支出　　　　　　　　　B.其他业务成本

C.管理费用　　　　　　　　　　D.财务费用

37.小企业对使用寿命有限的无形资产进行摊销时，其摊销额应根据不同情况分别计入（　　）。

A.管理费用　　　　　　　　　　B.制造费用

C.主营业务成本　　　　　　　　D.其他业务成本

38.影响出售无形资产净损益的项目包括（　　）。

A.累计摊销　　　　　　　　　　B.出售无形资产取得的收入

C.无形资产的成本　　　　　　　D.出售无形资产应缴纳的税费

39.下列项目中，属于无形资产特征的有（　　）。

A.不具有实物形态　　　　　　　B.具有可辨认性

C.属于非货币性资产　　　　　　D.可以短期受益

40.下列各项支出中，应计入无形资产成本的有（　　）。

A.购入专利权发生的支出　　　　B.购入非专利技术发生的支出

C.取得土地使用权发生的支出　　D.无偿划拨取得的土地使用权

三、判断题（正确打√，错误打×）

1.小企业原材料的日常收发及结存，可以采用实际成本核算，也可以采用计划成本核算。（　　）

2.规模较小、材料品种较少、收发业务不多的小企业，适宜采用按实际成本组织材料的核算。（　　）

3.小企业在购买材料过程中发生的运输费用，在"销售费用"账户核算，不在"在途物资"账户核算。（　　）

4.小企业从小规模纳税企业购入材料取得的增值税普通发票，其进项税额不得从销项税额中抵扣。（　　）

5."材料成本差异"账户核算小企业采用计划成本进行日常核算的材料计划成本与实际成本的差异。（　　）

6.小企业月末计算和结转入库产成品的实际成本时，借记"库存商品"账户，贷记

"生产成本"账户。 （　　）

7.小企业存货是为了销售或耗用而储备的物品，企业持有存货的最终目的是出售。
（　　）

8.小企业（增值税一般纳税人）非正常损失购进货物的进项税额，可以从销项税额中抵扣。 （　　）

9.小企业自用无形资产摊销，一般应记入"管理费用"科目。 （　　）

10.凡是没有实物形态的资产，均属于小企业的无形资产。 （　　）

11.无形资产作为小企业的一项特殊资产，并不要求小企业对其拥有所有权或控制权。
（　　）

12.小企业收到投资者投入的无形资产，按投资各方确认的价值作为实际成本。 （　　）

13.小企业自创的并依法取得的专利权、商标权等无形资产的成本，应根据依法取得时发生的注册费、聘请律师费以及其他相关支出入账。 （　　）

14.为提高小企业商标的知名度而投入大量的广告费，应计入商标成本。 （　　）

15.《小企业会计准则》规定，已经计入费用的研发支出，在该项无形资产获得成功并依法申请取得权利时，应将原已计入研发支出的费用资本化。 （　　）

16.《小企业会计准则》规定，无形资产应在预计使用年限内平均摊销。 （　　）

17.固定资产的成本是指小企业购建某项资产达到预定可使用状态前所发生的一切合理必要的支出。 （　　）

18.小企业接受其他单位投入的固定资产，"固定资产"账户按投资方原账面价值入账，"实收资本"账户按双方合同或约定的价值入账。 （　　）

19.小企业（增值税小规模纳税人）购入材料取得增值税专用发票，其支付的增值税作为进项税额处理。 （　　）

20.小企业固定资产提足折旧后不论能否继续使用，均不再计提折旧；提前报废的固定资产，也不再补提折旧。 （　　）

21.小企业固定资产折旧方法一经确定，不得随意变更，只有在年度终了进行复核，且符合变更条件的才能更改。 （　　）

22.小企业生产设备的修理费，应记入"制造费用"账户。 （　　）

23.小企业固定资产出售、报废、毁损、对外投资的净损益，均应转入"营业外收入"或"营业外支出"账户核算。 （　　）

24.小企业对于盘亏的固定资产，应将盘亏固定资产的账面价值记入"待处理财产损溢——待处理固定资产损溢"科目核算。 （　　）

25.小企业应当自固定资产投入使用月份的次月起计算折旧；因报废停止使用的固定资产，应当自停止使用月份的次月起停止计算折旧。 （　　）

26.小企业的存货采购入库后发生的储存费用，应在发生时计入当期损益。但是，在生产过程中为达到下一个生产阶段所必需的仓储费用，应计入存货成本。 （　　）

27.购入材料在运输途中发生的合理损耗，应计入管理费用。 （　　）

28.小企业"材料采购"账户只核算材料按计划成本核算而购入的在途材料的采购成本。 （　　）

29.小企业发出材料采用先进先出法，其缺点除了工作比较烦琐外，还表现为：当物价上

涨时，会低估企业当期利润和存货价值；反之，会高估企业存货价值和当期利润。（　　）

30.小企业采用计划成本进行材料日常核算的，月末结转发出材料应负担的材料成本差异时，无论是节约差还是超支差，均只能记入"材料成本差异"科目的贷方。（　　）

四、实务题

1.长沙含光服饰公司（小企业、增值税一般纳税人）2023年9月发生下列有关购进原材料的业务，按实际成本进行核算（假定运杂费不考虑增值税）。

（1）购入棉布材料一批，增值税专用发票上注明价款56 000元，增值税7 280元，销货方代垫运杂费1 500元，全部款项已签发银行支票支付，棉布验收入库。

（2）从外地购入H材料一批，增值税专用发票上注明价款62 000元，增值税8 060元，销货方代垫运杂费1 800元，全部款项已通过银行承兑汇票结算方式支付，H材料如数验收入库。

（3）从乙公司购入一批S材料，发票账单已收到，增值税专用发票上注明价款45 000元，增值税5 850元，另外发生运杂费500元，全部款项已通过汇兑结算方式支付，材料尚未验收入库。9天后收到S材料，并全部验收入库。

（4）采用赊购方式向光明公司购买D材料一批，发票账单已收到，增值税专用发票上注明价款13 000元，增值税1 690元，材料已验收入库，货款尚未支付。8天后通过银行支付前欠光明公司货款14 690元。

（5）如果该小企业为增值税小规模纳税人，购进B材料800件，每件进价23元，增值税征收率3%，材料运杂费450元，款项通过银行支付，材料验收入库。

要求：根据上述业务编制相关会计分录。

2.长沙含光公司（小企业、增值税一般纳税人）2023年9月发生下列有关购进原材料的业务，按计划成本进行核算。

（1）从荷花公司购入甲材料9 000千克，单价16元/千克，增值税专用发票上注明价款144 000元，增值税18 720元，材料已验收入库。该批材料的计划单位成本15元，计划总成本135 000元，款项通过银行支付。

（2）从资阳公司购进甲材料，价款165 000元，增值税21 450元，运费2 000元（增值税可按9%抵扣），全部款项通过银行存款支付，材料尚未到达小企业。10天后材料到达验收入库，计划总成本160 000元。

（3）从资阳公司购买甲材料，增值税专用发票上注明价款41 000元，增值税5 330元，材料已验收入库，货款尚未支付。该批材料的计划成本42 000元。

（4）月末汇总本月验收入库材料的全部收料单，编制收入材料汇总表（见表1-1）。

表1-1

收入材料汇总表

2023年9月30日
单位：元

材料名称	实际成本	计划成本	材料成本差异	备注
甲材料	352 000	337 000	15 000	超支
乙材料	165 390	160 120	5 270	超支
合　计	517 390	497 120	20 270	超支

要求：①编制业务（1）～（3）的相关会计分录。

②编制业务（4）结转本月入库材料计划成本和材料成本差异的会计分录。

3.长沙含光公司（小企业、增值税一般纳税人）2023年下半年发生下列有关发出原材料的业务，按计划成本进行核算。

（1）9月份生产男上衣产品，领用棉布材料计划成本653 830元，本月材料成本差异率4%。

要求：编制月末结转发出材料的计划成本和结转发出材料应负担的成本差异的会计分录，并计算本月发出材料的实际成本。

（2）10月月初结存材料计划成本40 000元，结存材料超支差异500元。本月入库材料的实际成本37 000元，计划成本36 000元，超支差异1 000元。本月发出材料（用于生产产品）的计划成本45 000元。

要求：①编制结转入库材料计划成本和成本差异的会计分录。

②计算材料成本差异率和发出材料应负担的成本差异。

③编制发出材料、结转发出材料成本差异的会计分录。

4.长沙含光公司（小企业、增值税一般纳税人）有关周转材料和产成品的核算业务如下：

（1）长沙含光公司购进低值易耗品一批，购买价款23 200元，增值税3 016元，款项以存款支付，低值易耗品验收入库。基本生产车间领用工具一批，实际成本2 950元，采用一次摊销法。

要求：编制购进低值易耗品、领用低值易耗品的会计分录。

（2）长沙含光公司购进包装物一批，购买价款8 530元，增值税1 108.9元，款项以存款支付。基本生产车间为包装产品，领用包装物的实际成本5 730元。

要求：编制购进包装物、领用包装物的会计分录。

（3）长沙含光公司月末汇总计算，本月共生产完工入库产成品（男上衣）820件，每件生产成本153元。仓库共销售发出产成品760件，采用全月一次加权平均法计算发出产品成本，加权平均单位成本155元。

要求：编制月末结转入库产成品成本和发出产成品成本的会计分录。

（4）长沙含光公司A产成品9月月初结存数量600件，单位成本120元，本月生产完工并验收入库A产成品数量3 400件，单位成本122元，本月销售A产成品3 500件。

要求：采用加权平均法计算本月A产成品的销售成本和月末结存成本，并编制产品入库和产品出库的会计分录。

5.长沙含光服饰公司（小企业、增值税一般纳税人）2023年9月有关固定资产的核算业务如下：

（1）4日，购入新安怡牌复印机一台，增值税专用发票上注明价款45 000元，增值税5 850元，运费200元（增值税可按9%抵扣）。款项以银行存款支付，复印机已交付厂部办公室使用。

（2）10日，购入一条需要安装的休闲裤生产线，增值税专用发票上注明价款480 000元，增值税62 400元，途中运杂费1 000元（暂不考虑增值税）。款项均以银行存款支付，设备已运达小企业。

（3）11日，将休闲裤生产线交机修车间安装，安装过程中耗用生产用原材料900元，该材料购进时支付增值税进项税额117元。

（4）15日，发生应付安装工人工资1 000元。

（5）16日，以银行存款支付其他安装费300元。

（6）18日，休闲裤生产线安装完成，已交付生产车间使用。

要求：根据上述业务编制相关会计分录。

6.长沙含光服饰公司（小企业、增值税一般纳税人）男上衣生产线原始价值为200 000元，预计使用寿命为8年，预计残值收入为10 000元，预计清理费用为2 000元。

要求：采用年限平均法计算该设备的年折旧额、月折旧额、年折旧率、月折旧率。

7.长沙含光服饰公司（小企业、增值税一般纳税人）基本生产车间2023年9月房屋建筑物月初原始价值为1 080 000元，月折旧率为0.15%，机器设备月初原始价值为4 500 000元，月折旧率为0.76%。

要求：（1）计算该生产车间9月固定资产的折旧额。

（2）编制9月计提折旧的会计分录。

8.长沙含光服饰公司（小企业、增值税一般纳税人）2023年发生有关固定资产的业务如下：

（1）6月15日，将一栋多年闲置不用的厂房出售，出售价款720 000元，出售不动产增值税税率为9%，款项已收入银行。该厂房原始价值1 080 000元，累计折旧450 000元，支付整理费用500元。清理完毕，结转清理净损益。假定不考虑其他相关税费。

（2）8月22日，将一台生产设备报废，该设备原始价值360 000元，累计折旧32 400元，报废时以现金支付清理费用300元。残料已验收并交原材料仓库，估价700元。清理完毕，结转清理净损益。假定不考虑其他相关税费。

（3）9月27日，因火灾烧毁一台设备，该设备原始价值70 200元，累计折旧23 400元，清理现场时发生清理费用300元。经保险公司核定，同意赔偿损失40 000元，残料变卖收入600元存入银行。清理完毕，结转清理净损益。假定不考虑其他相关税费。

要求：根据上述业务编制相关会计分录。

9.长沙含光服饰公司（小企业、增值税一般纳税人）2023年9月28日进行财产清查，发现盘亏设备一台，该设备原值18 000元，已提折旧10 000元。9月30日，报经批准盘亏设备损失作为营业外支出。

要求：编制相关会计分录。

10.长沙含光服饰公司（小企业、增值税一般纳税人）购买一项专利权，支付款项100 000元，有效期限10年。购入4年后，将其使用权转让给另一个小企业，当年收到租金收入5 000元。所有款项均通过银行存款支付，该专利权的增值税税率为6%。

要求：编制相关会计分录。

11.长沙含光服饰公司（小企业、增值税一般纳税人）2021年1月1日购入一项专利权，价值200 000元，以银行存款支付。该专利权预计使用年限5年，该公司已使用2年。2023年1月，出售该专利权，取得价款100 000元，存入银行。转让该专利权的增值税税率为6%。

要求：编制该专利权购入、摊销及出售的会计分录。

12.长沙含光服饰公司（小企业、增值税一般纳税人）有关无形资产的经济业务如下：

（1）从技术市场购入一项专利权，买价300 000元，注册费、律师费等12 000元。价款均以银行存款支付，该项专利权购入后立即投入使用。

（2）接受甲公司以某项商标权向本小企业投资，双方协议确认价值150 000元。该项商标权已投入使用。

（3）自行研制专利权获得成功，并已申请取得专利权。本月发生研究试验费90 000元，其中，领用库存材料50 000元，应付人员工资30 000元，发生其他费用10 000元；另外，支付申请专利的专利权登记费20 000元，律师费40 000元，其中资本化支出120 000元。以上款项均以银行存款支付，该项专利权申请成功并已投入使用。

（4）出租商标权取得收入40 000元存入银行，以银行存款支付出租无形资产的相关费用10 000元，并按6%的增值税税率计提应交增值税（暂不考虑其他税费）。

要求：根据上述业务编制相关会计分录。

五、操作题

1.长沙含光公司（小企业、增值税一般纳税人）2023年9月月末汇总本月发料单。

要求：（1）编制发出材料汇总表（见表1-2），填写表中有关金额。

表1-2

发出材料汇总表

2023年9月30日

金额单位：元

材料用途	A材料（棉布）			B材料			C材料			合计金额
	数量（米）	单价	金额	数量（米）	单价	金额	数量（米）	单价	金额	
生产男上衣	3 000	95					100	75		
生产女上衣				2 000	88		80	75		
车间一般消耗	20	95								
管理部门耗用				50	88					
合　计	3 020			2 050			180			

会计：×× 　　　　 复核：陈规铭 　　　　 制单：刘少春

（2）编制发出原材料的记账凭证（见表1-3）。

表1-3

记 账 凭 证

年　　月　　日 　　　　 字第　　号

摘要	总账科目	明细科目	记账√	借方金额										记账√	贷方金额										
				千	百	十	万	千	百	十	元	角	分		千	百	十	万	千	百	十	元	角	分
合　计																									

会计主管 　　　　 记账 　　　　 出纳 　　　　 审核 　　　　 制单

2.长沙含光公司（小企业、增值税一般纳税人）2023年9月棉纱材料收入、发出、结存有关情况见表1-4。

表1-4   **材料收发结存情况**   金额单位：元

业务	收入		发出数量（千克）	结存数量（千克）
	数量（千克）	单价		
9月1日月初结存				250（单价：22）
9月2日发出			200	50
9月6日购入	410	23		460
9月15日发出			350	110
9月20日购入	360	25		470
9月29日发出			320	150

要求：（1）采用先进先出法计算发出棉纱材料的实际成本和期末结存材料的成本。

（2）登记材料明细账（见表1-5）。

表1-5   **材料明细账（先进先出法）**

材料名称：   数量单位：千克

年		凭证号数	摘要	收入			发出			结存		
月	日			数量	单价	金额	数量	单价	金额	数量	单价	金额

3.长沙含光公司（小企业、增值税一般纳税人）采用加权平均法计算发出材料和结存材料的成本，2023年9月原材料（棉布）有关资料见表1-6。

表1-6　　　　　　　　　　　　　　**原材料收发结存情况**　　　　　　　　金额单位：元

日期	摘要	数量（米）	单价	金额
9月1日	月初结存	200	30	6 000
9月5日	购入	310	32	9 920
9月10日	发出	400		
9月15日	购入	350	33	11 550
9月23日	发出	320		

要求：（1）采用加权平均法计算加权平均单位成本、发出材料和结存材料的成本。

（2）登记原材料明细账（见表1-7）。

表1-7　　　　　　　　　　　　　**原材料明细账**

明细科目：　　　　　　　　　　　　　　　　　　　　　　　　数量单位：米

年		凭证号数	摘要	借方			贷方			方向	余额		
月	日			数量	单价	金额	数量	单价	金额		数量	单价	金额

4. 长沙含光公司（小企业、增值税一般纳税人）2023年9月库存商品（休闲裤）收入、发出和结存有关数据资料见表1-8。月初休闲裤单位成本132元，采用加权平均法计算存货成本。

表1-8　　　　　　　　　　　　　**库存商品收发结存情况**　　　　　　　　金额单位：元

日期	业务	收入			发出数量（件）	结存数量（件）
		数量（件）	单位成本	金额		
9月1日	月初结存					720
9月30日	生产入库	2 980	135	402 300		3 700
9月30日	销售发出				2 800	900

要求：（1）采用加权平均法计算发出商品和结存商品的成本。

（2）登记库存商品明细账（见表1-9）。

表1-9　　　　　　　　　　　　　**库存商品明细账**

明细科目：　　　　　　　　　　　　　　　　　　　　　　　　数量单位：件

年		凭证号数	摘要	借方			贷方			方向	余额		
月	日			数量	单价	金额	数量	单价	金额		数量	单价	金额

5. 长沙含光公司（小企业、增值税一般纳税人）2023 年 9 月发生下列存货清查盘点业务：

（1）存货溢余（短缺）报告单见表 1-10。

表 1-10   **存货溢余（短缺）报告单**

2023 年 9 月 30 日   金额单位：元

材料名称	计量单位	实存		账存		盘盈		盘亏	
		数量	金额	数量	金额	数量	金额	数量	金额
甲商品	件	310	2 480	317	2 536			7	56
丙商品	个	245	1 715	240	1 680	5	35		
合　计							35		56

盘点人：陈规　　　保管人：杨渐新　　　　复核：李海　　　　制单：刘兰

要求：编制批准前的会计分录。

（2）期末盘点，发现 B 商品溢余 8 个，进价每个 11 元，溢余原因待查。以后查明系商品收发计量差错，经批准予以转账。

要求：编制批准前、处理后的会计分录。

（3）在财产清查过程中，发现原材料盘盈 170 千克，结合同类原材料的单位成本确定，其总成本为 630 元。

要求：编制批准前、处理后的会计分录。

（4）在财产清查过程中，发现盘亏材料 730 元（属于责任者失职造成，应由其赔偿），假定不考虑相关增值税，盘亏库存商品 420 元（属于收发计量不准确造成）。

要求：分别进行批准前和批准后的账务处理。

（5）在财产清查过程中，发现盘亏材料 1 800 元（属于非正常损失，应由责任人赔偿），其进项税额为 234 元。

要求：分别进行批准前和批准后的账务处理，并编制批准前（见表 1-11）和批准后（见表 1-12）的记账凭证。

表 1-11   **记 账 凭 证**

年　　月　　日   字第　　号

摘　要	总账科目	明细科目	记账√	借　方　金　额										记账√	贷　方　金　额									
				千	百	十	万	千	百	十	元	角	分		千	百	十	万	千	百	十	元	角	分
合　计																								

附件　张

会计主管　　　　　记账　　　　　出纳　　　　　审核　　　　　制单

表1-12

记 账 凭 证

年　月　日　　　　　　　　　　　　　　　字第　　号

摘　要	总账科目	明细科目	记账√	借　方　金　额										记账√	贷　方　金　额										
				千	百	十	万	千	百	十	元	角	分		千	百	十	万	千	百	十	元	角	分
合　计																								

会计主管　　　　　记账　　　　　出纳　　　　　审核　　　　　制单

附件　　张

6.长沙含光服饰公司（小企业、增值税一般纳税人）计算2023年5月应计固定资产折旧总额，采用年限平均法，机器设备的使用年限为5年，投影仪的使用年限为4年。

要求：填写固定资产折旧计算表（见表1-13），并编制相关记账凭证（见表1-14）。

表1-13

固定资产折旧计算表

2023年5月31日　　　　　　　　　　　　　　　　　　　金额单位：元

使用部门	固定资产类别	固定资产原值	预计净残值	月折旧率	月折旧额
生产车间	机器设备	250 000	1 000		
管理部门	投影仪	12 000	500		
合　计					

会计主管：　　　　　　　审核：　　　　　　　制单：

表1-14

记 账 凭 证

年　月　日　　　　　　　　　　　　　　　字第　　号

摘　要	总账科目	明细科目	记账√	借　方　金　额										记账√	贷　方　金　额										
				千	百	十	万	千	百	十	元	角	分		千	百	十	万	千	百	十	元	角	分
合　计																								

会计主管　　　　　记账　　　　　出纳　　　　　审核　　　　　制单

附件　　张

7.2023年9月1日，长沙含光服饰公司从长沙市三一公司购进一台不需要安装的生产设备，取得增值税专用发票（见表1-15），开出转账支票支付相关款项（见表1-16），固定资产交付使用，取得固定资产使用验收单（见表1-17）。

表1-15

湖南省增值税专用发票

No45215733

开票日期：2023年9月1日

购买方	名　称：长沙含光服饰公司 纳税人识别号：320303836556447 地址、电话：长沙市开福区芙蓉中路155号 88746532 开户行及账号：中国工商银行中山支行1102021845672108901				密码区		略		
货物或应税劳务、服务名称	规格型号	单位	数量	单价	金额	税率	税额		
生产设备	H007	台	1.00	50 000.00	50 000.00	13%	6 500.00		
合　计					¥50 000.00		¥6 500.00		
价税合计（大写）　⊗伍万陆仟伍佰元整							（小写）¥56 500.00		
销售方	名　称：长沙市三一公司 纳税人识别号：320303878756745 地址、电话：长沙市雨花区万家丽路58号 84523698 开户行及账号：兴业银行长沙三湘支行6222909359874519511				备注				

第二联：发票联　购买方记账凭证

收款人：　　　　复核：　　　　开票人：　　　　销售方：（章）

表1-16

中国工商银行

转账支票存根

附加信息
_____
_____

出票日期　2023 年 9 月 1 日

收款人：长沙市三一公司

金　额：¥56 500.00

用　途：货款

单位主管　熊美丽　会计　刘艳丽

上海证券印制有限公司·2023年印刷

表1-17

固定资产验收单

2023年9月1日

名称	规格型号	单位	数量	设备价款	预计使用年限	使用部门
生产设备	H007	台	1	50 000.00	10	基本生产车间
合 计				¥50 000.00		

单位主管：熊美丽　　　　　　检验：李 平　　　　　　经办：严 敏

要求：根据原始凭证编制相关记账凭证（见表1-18）。

表1-18

记 账 凭 证

年　　月　　日　　　　　　　　　　字第　　号

摘　要	总账科目	明细科目	记账√	借 方 金 额										记账√	贷 方 金 额								
				千	百	十	万	千	百	十	元	角	分		千	百	十	万	千	百	十	元	角	分
合 计																									

附件　张

会计主管　　　　　记账　　　　　出纳　　　　　审核　　　　　制单

项目二　往来款项

一、单项选择题

1.甲小企业因购货开出3个月期限的商业汇票一张，该票据的票面价值为200 000元，票面利率为12%。该票据到期时，甲小企业应支付的价款为（　　）元。

A.200 000
B.220 000
C.207 500
D.206 000

2.小企业应付账款确实无法支付，经确认后转作（　　）。

A.营业外收入
B.递延收益
C.其他业务收入
D.资本公积

3.小企业开出的商业承兑汇票到期时，如无力支付票款，应进行的账务处理是（　　）。

A.转作短期借款
B.转作应付账款
C.不进行账务处理
D.转作其他应付款

4.某小企业（增值税一般纳税人）月初尚未抵扣增值税20万元，本月发生进项税额30万元，销项税额70万元，进项税额转出4万元，缴纳本月增值税12万元，则月末结转的应交未交增值税为（　　）万元。

A.20
B.12
C.8
D.4

5.2023年9月，某小企业（增值税小规模纳税人）销售产品，开出的增值税普通发票上注明货款为25 750元，增值税征收率为3%，则该小企业9月应交增值税为（　　）元。

A.772.5
B.750
C.25 000
D.25 750

6.某小企业为增值税一般纳税人，适用的增值税税率为13%。该小企业购进原材料一批，增值税专用发票上注明价税合计为226 000元，运输过程中的保险费为1 000元，入库前的挑选整理费用为500元，则该批原材料的采购成本为（　　）元。

A.235 500
B.233 500
C.232 500
D.201 500

7.下列各项中，小企业不通过"税金及附加"账户核算的是（　　）。

A.增值税
B.消费税
C.资源税
D.城市维护建设税

8.小企业（增值税一般纳税人）收购免税农副产品，实际支付价款2万元，则购进存货的成本为（　　）元。

A.20 000
B.18 200
C.21 800
D.17 400

9.小企业（增值税一般纳税人）对外捐赠物资应缴纳的增值税，借记（　　）科目。

A."管理费用"　　　　　　　　　　　　B."营业外支出"

C."其他业务成本"　　　　　　　　　　D."应交税费"

10.销货方按商品售价给予客户的现金折扣，会计上应该作为（　　）处理。

A.营业外支出　　　　　　　　　　　　B.冲减销售收入

C.财务费用　　　　　　　　　　　　　D.销售费用

11."应收账款"账户的期初余额为借方12 000元，本期借方发生额1 000元，本期贷方发生额8 000元，则该账户的期末余额为（　　）。

A.借方3 000元　　　　　　　　　　　B.贷方8 000元

C.借方5 000元　　　　　　　　　　　D.贷方5 000元

12.某小企业一笔100 000元的赊销账款，规定的现金折扣条件为"2/10，1/20，N/30"。假如客户于10天内付款，假定折扣不考虑增值税，则应收账款的实收数额为（　　）元。

A.98 000　　　　　　　　　　　　　　B.100 000

C.99 000　　　　　　　　　　　　　　D.95 000

13.小企业销货时，商品售价扣除（　　）后的实际成交价格才是应收账款的入账金额。

A.现金折扣　　　　　　　　　　　　　B.购货折扣

C.销货折扣　　　　　　　　　　　　　D.商业折扣

14.小企业以承兑商业汇票的方式抵付应付账款，应借记（　　）账户。

A."材料采购"　　　　　　　　　　　　B."库存商品"

C."应付账款"　　　　　　　　　　　　D."应交税费"

15.在会计实务中，应收票据是小企业持有的（　　）。

A.银行汇票　　　　　　　　　　　　　B.银行本票

C.支票　　　　　　　　　　　　　　　D.商业汇票

16.小企业应收账款的坏账损失，应当于实际发出时计入（　　）。

A.管理费用　　　　　　　　　　　　　B.坏账准备

C.营业外支出　　　　　　　　　　　　D.资产减值损失

17.小企业于10月16日签发了一张商业承兑汇票，面值300 000元，期限60天，则到期日为（　　）。

A.12月14日　　　　　　　　　　　　　B.12月15日

C.12月16日　　　　　　　　　　　　　D.12月17日

18.小企业的商业汇票付款期限最长不超过（　　），提示付款期限自汇票到期日起10日。

A.10日　　　　　　　　　　　　　　　B.1个月

C.6个月　　　　　　　　　　　　　　D.9个月

19.如果商业承兑汇票到期时，小企业无力支付票款，则按照商业承兑汇票的票面金额转入（　　）科目。

A."应付账款"　　　　　　　　　　　　B."短期借款"

C."应付票据"   D."应收票据"

20.小企业向承兑银行支付银行承兑汇票的手续费时（按票面金额万分之五计算），应借记（   ）科目。

A."应付票据"   B."财务费用"

C."应付账款"   D."银行存款"

21.小企业缴纳的印花税，应计入（   ）。

A.管理费用   B.税金及附加

C.在建工程   D.固定资产或无形资产成本

22.下列不属于其他应付款内容的是（   ）。

A.应付租入固定资产的租金   B.存入保证金

C.应付暂收所属单位和个人的款项   D.接受加工劳务应付的款项

23.某小企业不单独设置"预收账款"科目，2023年8月月初应收账款的余额为0。2023年8月10日销售产品一批，销售收入为20 000元，增值税税率为13%，款项尚未收到。2023年8月30日预收货款10 000元。2023年8月31日应收账款的余额为（   ）元。

A.22 600   B.12 600

C.11 300   D.20 000

24.小企业"应付账款"账户，应按（   ）设置明细账。

A.投资人   B.购货单位

C.供应单位   D.债务人

25.小企业"应收票据"在取得时的入账价值为（   ）。

A.票据面值   B.票据到期价值

C.票据面值加应计利息   D.预付账款

26.2023年9月，甲小企业向乙企业赊销商品，商品售价600 000元，增值税税率13%。甲小企业为了促销，给予乙企业10%的商业折扣，现金折扣条件为"2/10，1/20，N/30"。甲小企业垫付运杂费82 000元。甲小企业应收账款的入账金额为（   ）元。

A.622 000   B.692 200

C.626 400   D.760 000

27.2023年9月，甲小企业采用托收承付结算方式向乙小企业销售商品500件，甲小企业为了促销，规定凡购货500件以上（包括500件）的，给予顾客5%的商业折扣。商品售价每件400元，增值税税率13%。甲小企业为了尽早收回货款，在合同中规定的现金折扣条件为"2/10，1/20，N/30"（假定10天内收到货款）。甲小企业因销售商品支付包装费450元。甲小企业应确认的应收账款为（   ）元。

A.210 847   B.214 700

C.215 150   D.226 450

28.某小企业拥有一张2023年2月28日签发、期限为3个月的商业汇票，该商业汇票的到期日为（   ）。

A.2023年5月28日   B.2023年5月29日

C.2023年5月30日   D.2023年5月31日

29.小企业预借给职工出差的差旅费时，应借记（   ）科目。

A.“应收账款”　　　　　　　　　　B.“预付账款”

C.“其他应收款”　　　　　　　　　D.“管理费用”

30.某小企业为增值税一般纳税人，2023年9月2日从甲公司购入一批产品并验收入库，增值税专用发票上注明该批产品的价款为150万元，增值税为19.5万元。合同中规定的现金折扣条件为"2/10，1/20，N/30"，假定计算现金折扣时不考虑增值税。该小企业于2023年9月15日付款，则实际支付的款项为（　　　）万元。

A.169.5　　　　　　　　　　　　　B.150

C.167.805　　　　　　　　　　　　D.168

二、多项选择题

1.小企业按现行准则规定，不能用"应收票据"及"应付票据"账户核算的票据包括（　　　）。

A.银行汇票　　　　　　　　　　　B.银行承兑汇票

C.银行本票　　　　　　　　　　　D.商业承兑汇票

2.下列项目中，小企业应通过"其他应收款"账户核算的有（　　　）。

A.应收的购货款　　　　　　　　　B.应收的各种罚款

C.收取的各种押金　　　　　　　　D.应向职工收取的各种垫付款项

3.关于小企业"预付账款"账户，下列说法中正确的有（　　　）。

A.“预付账款”账户借方余额反映小企业向供货单位预付的货款

B.预付货款不多的小企业，可以不单独设置"预付账款"账户，将预付的货款记入"应付账款"账户的借方

C.“预付账款”账户核算的是小企业因销售业务产生的往来款项

D.“预付账款”账户贷方余额反映的是应付供货单位的款项

4.小企业的商业汇票按是否带息，可分为（　　　）。

A.带息商业汇票　　　　　　　　　B.无息商业汇票

C.商业承兑汇票　　　　　　　　　D.银行承兑汇票

5.下列各项中，构成小企业应收账款入账价值的有（　　　）。

A.确认商品销售收入时尚未收到的价款　　B.代替购货单位垫付的包装费

C.代替购货单位垫付的运杂费　　　　　　D.销售货物发生的商业折扣

6.某小企业的一笔赊销账款，规定的现金折扣条件为"2/10，1/20，N/30"，其含义为（　　　）。

A.10天内付款给予2%折扣　　　　　B.11天至20天内付款给予1%折扣

C.21天至30天内付款不给予折扣　　D.付款期限为30天

7.应付账款是指小企业因（　　　）等日常生产经营活动而应支付的款项。

A.购买材料　　　　　　　　　　　B.购买商品

C.提供劳务　　　　　　　　　　　D.接受劳务

8.“应收账款”账户的贷方反映（　　　）。

A.应收账款的增加　　　　　　　　B.应收账款的收回

C.不设预收账款的企业预收的货款　　　　D.尚未收回的应收账款

9.小企业的其他应付款主要有（　　　　）。

A.应付租入生产经营用固定资产的租金　B.应付包装物的租金

C.收到租用包装物的押金　　　　　　　D.存入保证金

10.小企业缴纳的（　　　　）以及其他不需要预计应缴数额的税金，不通过"应交税费"账户核算。

A.印花税　　　　　　　　　　　　　　B.耕地占用税

C.资源税　　　　　　　　　　　　　　D.契税

11."税金及附加"是损益类科目，核算小企业开展日常生产经营活动应负担的（　　　　）等相关税费，本科目应按税费种类进行明细核算。

A.城镇土地使用税、房产税、印花税、车船税

B.消费税、资源税、城市维护建设税

C.资源税、土地增值税

D.教育费附加、排污费

12.为了核算应交增值税的发生、抵扣、缴纳、退税及转出等情况，小企业（增值税一般纳税人）"应交税费——应交增值税"账户，应当分别设置（　　　　）等专栏。

A.进项税额　　　　　　　　　　　　　B.销项税额转出

C.销项税额　　　　　　　　　　　　　D.已交税金

13.小企业的应税消费品主要有（　　　　）等十五大类商品。

A.烟、酒　　　　　　　　　　　　　　B.高档手表、实木地板

C.高档化妆品、贵重首饰及珠宝玉石　　D.小汽车、摩托车、成品油

14.小企业生产的应税消费品销售后，应同时缴纳（　　　　）。

A.增值税　　　　　　　　　　　　　　B.土地增值税

C.消费税　　　　　　　　　　　　　　D.资源税

15.小企业通过"应交税费——应交增值税（进项税额转出）"账户核算的有（　　　　）。

A.购进的货物发生非常损失　　　　　　B.购进的货物用于集体福利

C.购进的零配件用于车间设备的修理　　D.购进的半成品用于产品生产

16.小企业的城市维护建设税，应以纳税人实际缴纳的（　　　　）税额为计税依据。

A.增值税　　　　　　　　　　　　　　B.消费税

C.资源税　　　　　　　　　　　　　　D.教育费附加

17.小企业（　　　　）账户的余额，既可在借方，又可在贷方。

A."应收账款"　　　　　　　　　　　　B."预收账款"

C."银行存款"　　　　　　　　　　　　D."应付账款"

18.如果小企业购买材料、商品时形成的是一项存在现金折扣条件的应付账款，小企业实际获得现金折扣时，应涉及（　　　　）科目。

A."应付账款"　　　　　　　　　　　　B."管理费用"

C."应付票据"　　　　　　　　　　　　D."财务费用"

19.下列关于现金折扣与商业折扣的说法中，正确的有（　　　　）。

A.商业折扣是指从商品标价上给予的扣除

B.现金折扣是指债权人为鼓励债务人早日付款，而向债务人提供的债务扣除

C.存在商业折扣的情况下，应收账款入账金额应按扣除商业折扣后的实际售价确认

D.我国会计实务中采用总价法核算存在现金折扣的交易

20.下列各项中，影响小企业应收账款账面价值的有（　　　）。

A.收回前期的应收账款 　　　　　B.发生赊销商品的业务

C.发生的现金折扣 　　　　　D.结转到期不能收回的商业承兑汇票

21.小企业自产自用应税消费品，按规定应缴纳的消费税记入（　　　）账户。

A."管理费用" 　　　　　B."销售费用"

C."在建工程" 　　　　　D."营业外支出"

22.下列属于小企业应收账款核算范围的有（　　　）。

A.应收销货款 　　　　　B.应收租入包装物保证金

C.应收代垫运输费用 　　　　　D.应收增值税销项税额

23.下列各项中，构成应收账款入账价值的有（　　　）。

A.增值税 　　　　　B.商业折扣

C.现金折扣 　　　　　D.代垫的运杂费

24.2023年3月1日，某小企业销售商品收到一张面值为113 000元、6个月期限的商业承兑汇票。如果该票据到期出票人未支付票款，下列会计分录错误的有（　　　）。

A.借：短期借款　　　　　　　　　　　　　　　　　　　113 000

　　　贷：银行存款　　　　　　　　　　　　　　　　　　　　113 000

B.借：银行存款　　　　　　　　　　　　　　　　　　　111 870

　　　财务费用　　　　　　　　　　　　　　　　　　　　1 130

　　　贷：应收票据　　　　　　　　　　　　　　　　　　　113 000

C.借：短期借款　　　　　　　　　　　　　　　　　　　113 000

　　　贷：应收票据　　　　　　　　　　　　　　　　　　　113 000

D.借：应收账款　　　　　　　　　　　　　　　　　　　113 000

　　　贷：应收票据　　　　　　　　　　　　　　　　　　　113 000

25.下列关于应付账款的处理中，正确的有（　　　）。

A.货物与发票账单同时到达，待货物验收入库后，按发票账单登记入账

B.货物已到，但发票账单未同时到达，待月份终了时暂估入账

C.应付账款一般按到期应付金额的现值入账，不按发票金额入账

D.如果购入的资产在形成一笔应付账款时是附有现金折扣条件的，则获得的现金折扣冲减财务费用

三、判断题（正确打√，错误打×）

1.小企业可能发生的坏账不计提坏账准备，在坏账实际发生时，按发生金额直接计入管理费用。　　　　　　　　　　　　　　　　　　　　　　　　　　　　（　　　）

2.小企业对于销货业务，即使在向客户提供现金折扣的情况下，也应按总价法确认应收账款的入账价值。　　　　　　　　　　　　　　　　　　　　　　　　（　　　）

3.小企业中，预付账款属于债权，存在发生坏账损失的风险，因此应提取一定比例的坏账准备。   （　　）

4.小企业收到的应收票据，均应按票据的票面金额入账。   （　　）

5.预付账款可以在"应付账款"科目核算，因此，预付货款应作为小企业的一项负债。   （　　）

6.小企业持有的商业承兑汇票到期时，因承兑人的银行账户不足以支付，应将本息一并转入"应收账款"科目。   （　　）

7."应收账款"科目核算小企业因销售产品、材料，提供劳务，发生职工借款等业务，应向购货单位或本单位职工个人收取的款项。   （　　）

8.商业承兑汇票到期，小企业无力支付票款的，在接到银行转来的有关凭证时，按照商业承兑汇票的票面金额，借记"应付票据"科目，贷记"短期借款"科目。   （　　）

9.小企业销售商品采取预收款方式的，预先收款时不确认收入，而是在发出商品时确认收入，预收款与实际价款的差额多退少补。   （　　）

10.如果小企业购买材料、商品时形成的是一项存在现金折扣条件的应付账款，小企业应按扣除现金折扣后的金额，借记有关科目，贷记"应付账款"科目。   （　　）

11.小企业按税法有关规定应缴纳的各种税费包括：增值税、消费税、城市维护建设税、所得税、资源税、土地增值税、城镇土地使用税、房产税、车船税等。   （　　）

12.小企业"税金及附加"是损益类科目，该科目贷方登记增加，借方登记减少，月末将本科目余额转入"本年利润"科目，结转后本科目应无余额，本科目应按税费种类进行明细核算。   （　　）

13.小企业如果是增值税小规模纳税人，那么"应交税费——应交增值税"账户贷方记录增加，借方记录减少，不需要设置"进项税额""销项税额"等专栏。   （　　）

14.小企业自产自用应税消费品，既要缴纳增值税，又要缴纳消费税。   （　　）

15.小企业持有固定资产的目的，是为了生产商品、提供劳务、出租或经营管理的需要，也可直接用于出售。   （　　）

16.小企业发生自然灾害或意外事故造成的存货毁损发生的净损失，均应计入管理费用。   （　　）

17.附有追索权的票据贴现，应根据票据的票面金额，贷记"应收票据"账户。   （　　）

18.小企业应向职工收取的暂付款，可在"应收账款"科目进行核算。   （　　）

19.小企业支付的包装物押金和收取的包装物押金，均应通过"其他应收款"科目核算。   （　　）

20.小企业（增值税小规模纳税人）只要取得了增值税专用发票，就可以抵扣应交增值税。   （　　）

四、计算分录题

1.某小企业为增值税一般纳税人，从万城工厂购入一批原材料，并已入库，取得的增值税专用发票上注明价款100 000元，增值税13 000元，款项尚未支付。

要求：编制相关会计分录。

（1）购买材料。

（2）实际偿付应付账款。

2.某小企业为增值税一般纳税人，从理中工厂购入一批原材料，材料价款为 20 000 元，增值税专用发票上注明的增值税为 2 600 元。材料采用实际成本法核算，材料已验收入库。该小企业开出一张期限为 6 个月的银行承兑汇票，以抵付货款。

要求：编制相关会计分录。

（1）支付银行承兑汇票手续费 11.7 元。

（2）公司开出、承兑银行承兑汇票。

（3）到期支付票款。

（4）如果票据到期时，公司无力偿还银行承兑汇票款。

3.某小企业为增值税一般纳税人，2023 年 6 月 19 日预收光明公司的货款 50 000 元。7 月 8 日将商品及有关票据发给光明公司，增值税专用发票上注明价款 50 000 元，增值税 6 500 元。光明公司于 7 月 10 日通过银行结清余款。

要求：编制相关会计分录。

（1）6 月 19 日收到预收款项。

（2）7 月 8 日发出商品。

（3）7 月 10 日结清余款。

4.某小企业为增值税一般纳税人，发生下列其他应付款项目：

（1）收到高新单位交来的租用房屋押金 1 800 元，存入银行。

（2）以银行存款退还上述押金。

（3）车间发生应付包装物租金 2 100 元。

要求：编制相关会计分录。

5.某小企业为增值税一般纳税人，2023 年 5 月发生以下销售商品的交易或者事项：

（1）赊销 A 商品 1 000 件，商品价目单所列单价为 100 元/件，给予购货方 10% 的商业折扣，应收取的增值税为实际售价的 13%。

（2）上项赊销账款收回，款项存入银行。

（3）销售 B 商品 500 件，价款 50 000 元，增值税 6 500 元，规定的付款条件为"2/10，1/20，N/30"。

（4）若上项赊销 B 商品客户于 10 日内付款，实际收到款项 55 370 元，存入银行。

（5）若上项赊销 B 商品客户于 11 日至 20 日内付款，实际收到款项 55 935 元，存入银行。

（6）若上项赊销 B 商品客户超过折扣期限付款，收到款项 56 500 元，存入银行。

要求：编制相关会计分录。

6.光明小企业为增值税一般纳税人，2023 年度发生以下交易或者事项：

（1）2023 年 5 月向新大企业销售商品一批，价款 100 000 元，增值税 13 000 元，取得新大企业同日签发并承兑的 2 个月期限的商业承兑汇票（不带息），票面金额为 113 000 元。

（2）2023 年 5 月 10 日收到红星企业同日签发并承兑的 3 个月期限、票面利率为 8% 的银行承兑汇票，票面金额为 60 000 元，用以抵偿前欠货款。

（3）2 个月后收到新大企业的票据款 113 000 元。

（4）2023 年 6 月 10 日将应收红星企业的票据背书转让，取得原材料价款 50 000 元，增值税 6 500 元，多余款项收到转账支票一张交存银行，材料已入库。

要求：根据上述业务，编制光明小企业相关会计分录。

7. 荷花公司为增值税一般纳税人（小企业），2023 年 5 月份发生下列业务：

（1）5 月 3 日将一批产品销售给甲公司，增值税专用发票上注明价款 20 000 元，增值税 2 600 元，货款尚未收到，付款条件为"2/10，1/20，N/30"，现金折扣不考虑增值税。

（2）5 月 18 日收到甲公司结清的上述款项。

要求：根据上述业务，编制荷花公司相关会计分录。

五、实训题

1. 2023 年 5 月 28 日，长沙含光服饰公司向长沙华强公司销售男上衣，开具增值税专用发票（见表 2-1），款项暂未收到，并以委托收款方式向银行办理托收手续，另开具支票代垫运杂费（见表 2-2）。

表 2-1

湖南省增值税专用发票

No45215730

此联不作报销、扣税凭证使用　　　开票日期：2023 年 5 月 28 日

购买方	名　称：长沙华强公司 纳税人识别号：320125467854125 地址、电话：长沙市蔡锷北路 380 号 开户行及账号：中国工商银行蔡锷支行 1105478934412546533					密码区	略		
货物或应税劳务、服务名称	规格型号	单位	数量	单价	金额		税率	税额	
男上衣	XL	件	200.00	180.00	36 000.00		13%	4 680.00	
合　计					¥36 000.00			¥4 680.00	
价税合计（大写）	⊗肆万零陆佰捌拾元整							（小写）¥40 680.00	
销售方	名　称：长沙含光服饰公司 纳税人识别号：320303836556447 地址、电话：长沙市开福区芙蓉中路 155 号 开户行及账号：中国工商银行中山支行 1102021845672108901					备注	长沙含光服饰公司 320303836556447 发票专用章		

收款人：刘艳丽　　　复核：熊美丽　　　开票人：陈全　　　销售方：（章）

表2-2

中国工商银行 转账支票存根
附加信息
出票日期 2023 年 5 月 28 日
收款人：大为运输公司
金　额：¥2 000.00
用　途：代垫运杂费
单位主管 熊美丽　会计 刘艳丽

上海证券印制有限公司 · 2023年印刷

要求：填制委托收款凭证（见表2-3），编制相关记账凭证（见表2-4）。

表2-3

委托收款凭证（回单）

委托日期：　　年　月　日　　　　第　　号　委托号码

付款人	全　称		收款人	全　称											
	账　号 或 地 址			账　号 或 地 址											
	开户银行			开户银行		行号									
委收金额	人民币 （大写）				千	百	十	万	千	百	十	元	角	分	
款项内容		委托收款凭据名称		附寄单证张数											
备注：		款项收妥日期 年　月　日		收款人开户银行盖章 年　月　日											

此联收款人开户银行给收款人的回单

单位主管：　　会计：　　复核：　　记账：

2.2023年6月15日，长沙含光服饰公司接到银行收账通知，收回长沙华强公司上述欠款。

要求：填制委托收款收账通知（见表2-5），编制相关记账凭证（见表2-6）。

3.2023年4月14日，长沙含光服饰公司销售主管王庆军到南昌市参会，预借差旅费5 000元，开出现金支票支付。

要求：填写借款单（见表2-7）及现金支票（见表2-8），编制相关记账凭证（见表2-9）。

表2-4

记 账 凭 证

年 月 日 字第 号

摘 要	总账科目	明细科目	记账√	借方金额										记账√	贷方金额									
				千	百	十	万	千	百	十	元	角	分		千	百	十	万	千	百	十	元	角	分
合 计																								

会计主管 记账 出纳 审核 制单

附件 张

表2-5

第 号
委托号码

委托收款凭证 （收账通知）

委托日期： 年 月 日　　　　付款期限： 年 月 日

付款人	全 称		收款人	全 称										
	账 号或 地 址			账 号或 地 址										
	开户银行			开户银行		行号								
委收金额	人民币（大写）					千	百	十	万	千	百	十	元	角	分
款项内容		委托收款凭据名称		附寄单证张数						
备注：		上列款项1. 以上全部划回收入你方账户2. 全部未收到								

单位主管：　　　复核：　　　记账：　　　付款人开户银行收到日期： 年 月 日
　　　　　　　　　　　　　　　　　　　　支付日期： 年 月 日

此联收款人开户银行在款项收妥后给收款人

表2-6

记 账 凭 证

年 月 日 字第 号

摘 要	总账科目	明细科目	记账√	借方金额										记账√	贷方金额									
				千	百	十	万	千	百	十	元	角	分		千	百	十	万	千	百	十	元	角	分
合 计																								

会计主管 记账 出纳 审核 制单

附件 张

表2-7　　　　　　　　　　　**借款单**

日期：　　　　　　　　　　　　　　　　　　　　No 0089428

借款人：	所属部门：
借款用途：	
借款数额：人民币（大写）	小写：
部门负责人审批：	借款人（签章）：
财务部审核：	签字：
单位负责人批示：	
核销记录：	

第一联：付款联　付款人记账

表2-8

中国工商银行
现金支票存根

附加信息＿＿＿＿

出票日期　年　月　日
收款人：
金　额：
用　途：
单位主管　会计

付款期限自出票之日起十天

中国工商银行　现金支票

出票日期（大写）　年　月　日　　付款行名称：
收款人：　　　　　　　　　　　出票人账号：

人民币
（大写）　　　　　　　　　　亿 千 百 十 万 千 百 十 元 角 分

用途＿＿＿＿
上列款项请从
我账户内支付
出票人签章

密码＿＿＿＿

复核　　记账

表2-9　　　　　　　　　**记 账 凭 证**

年　月　日　　　　　　　字第　号

摘要	总账科目	明细科目	记账√	借 方 金 额										记账√	贷 方 金 额										
				千	百	十	万	千	百	十	元	角	分		千	百	十	万	千	百	十	元	角	分
合 计																									

附件　张

会计主管　　　记账　　　出纳　　　审核　　　制单

4.2023年5月30日，长沙华为有限公司缴纳本月增值税（见表2-10）。

表2-10

中国工商银行电子缴税付款凭证

转账日期：2023年5月30日

纳税人全称及纳税人识别号：320154678941354

付款人全称：长沙华为有限公司	征税机关名称：国家税务总局长沙市税务分局
付款人账号：1104587956423156677	收款国库（银行）名称：中国人民银行长沙市分行
付款人开户银行：中国工商银行五一路支行	缴款书交易流水号：12346789986513
小写（合计）金额：¥48 000.00	税票号码：12019564
大写（合计）金额：人民币肆万捌仟元整	

税（费）种名称	所属时期	实缴金额
增值税	2023年5月	¥48 000.00

第 85 次打印

第二联：作付款回单（无银行收讫章无效）　　　　复核：李丽　　　　记账：黄品

要求：编制相关记账凭证（见表2-11）。

表2-11

记 账 凭 证

年　月　日　　　　　　　字第　号

摘　要	总账科目	明细科目	记账√	借　方　金　额									记账√	贷　方　金　额									附件张
				千	百	十	万	千	百	十	元	角	分		千	百	十	万	千	百	十	元	角	分	
合　计																								

会计主管　　　　　记账　　　　　出纳　　　　　审核　　　　　制单

项目三 对外投资

一、单项选择题

1.作为小企业短期投资购入的股票，如果包含已宣告发放但尚未收取的现金股利，则应（ ）。

A.借记"投资收益"账户 B.贷记"营业外收入"账户

C.借记"应收股利"账户 D.借记"短期投资"账户

2.下列有关小企业长期股权投资的处理，正确的是（ ）。

A.长期股权投资应当按公允价值计量

B.长期股权投资应当采用成本法进行会计处理

C.债权投资损失应当记入"投资收益"账户的贷方

D.以支付现金股利取得的长期股权投资，应当按照购买价款作为投资成本

3.小企业短期股票投资与长期股票投资在会计核算上的共同之处主要是（ ）。

A.购入股票时按购买价款和相关税费入账

B.平时按重置成本计价

C.购买时取得的现金股利均作为投资收益处理

D.按应分得的现金股利调整投资的账面价值

4.长期股权投资持有期间，小企业收到被投资单位分派的现金股利时，应当（ ）。

A.减少实收资本 B.冲减应收股利

C.增加实收资本 D.计入投资收益

5.2023年3月8日，甲公司（小企业）从二级市场购入一批乙公司发行的股票1万股作为短期投资，以每股5.2元购入，含已宣告但尚未发放的现金股利0.2元，另支付交易费用500元，全部价款以银行存款支付。该短期投资的入账价值为（ ）元。

A.52 000 B.52 500

C.50 500 D.50 000

6.2023年4月16日，甲公司（小企业）将上题持有的股票全部处置，每股5.2元，交易费用800元。甲公司处置该投资应确认的投资收益为（ ）元。

A.1 200 B.700

C.51 200 D.2 300

7.小企业债权投资采用直线法摊销溢价时，各期摊销额（ ）。

A.逐期增加 B.逐期减少

C.保持不变 D.不能确定

8.下列项目中，不应计入小企业短期投资的初始投资成本的是（ ）。

A.支付的相关税费

B.支付价款中包含的已到付息期但尚未领取的债券利息

C.扣除已宣告但尚未发放的实际支付的价款

D.支付的手续费

9.某小企业购买面值为400万元的公司债券作为长期投资，支付价款475万元，其中包含手续费2万元。该债券投资计入债权投资的金额为（　　）万元。

A.475　　　　　　　　　　　　　　　　B.450

C.455　　　　　　　　　　　　　　　　D.453

10.小企业购入长期的一次性还本付息债券，投资持有期间的利息收入，应借记（　　）账户。

A."应收利息"　　　　　　　　　　　　B."债权投资"

C."投资收益"　　　　　　　　　　　　D."应收股利"

11.小企业初始购入债券作为长期投资时，按（　　）价值记入"债权投资——面值"账户。

A.实际支付的购买价款

B.债券面值

C.实际支付的购买价款和相关税费

D.实际支付的购买价款及已到付息期但尚未领取的债券利息

12.小企业债权投资发生损失，应于实际发生时计入（　　），同时冲减债权投资账面余额。

A.营业外收入　　　　　　　　　　　　B.营业外支出

C.投资收益　　　　　　　　　　　　　D.债权投资

13.下列项目中，不属于小企业长期股权投资核算范围的是（　　）。

A.发生投资损失　　　　　　　　　　　B.处置长期股权投资

C.取得长期股权投资　　　　　　　　　D.持有期间计提利息

14.小企业从二级市场购入股票、债券、基金等用于短期投资，其目的是（　　）。

A.变现能力强　　　　　　　　　　　　B.准备长期持有

C.赚取差价　　　　　　　　　　　　　D.控制被投资单位

15.小企业进行短期债券投资，不需要设置（　　）账户。

A."应收股利"　　　　　　　　　　　　B."应收利息"

C."短期投资"　　　　　　　　　　　　D."投资收益"

二、多项选择题

1.按照《小企业会计准则》的规定，小企业计提债权投资（分期付息债券）的利息，可能涉及的账户有（　　）。

A.营业外收入　　　　　　　　　　　　B.应收利息

C.债权投资　　　　　　　　　　　　　D.投资收益

2.下列各项中，应计入小企业短期投资成本的有（　　）。

A.取得短期投资时支付的税金

B.取得短期投资时支付的手续费

C.实际支付价款中包含的已宣告发放但尚未收到的现金股利

D.实际支付价款中包含的已到付息期但尚未领取的债券利息

3.小企业的投资收益包括（　　　）。

A.短期投资持有期间收到的现金股利或债券利息

B.出售长期股票取得的收入大于其账面价值的差额

C.收到的购入长期债券（分期付息债券）时支付的应收利息

D.投资小企业实际收到被投资方支付的现金股利

4.小企业核算债权投资时，在"债权投资"科目下可以按（　　　）设置明细科目。

A.面值 　　　　　　　　　　　　　B.应计利息

C.溢折价 　　　　　　　　　　　　D.资本溢价

5.小企业购入长期债券时，按购入价格与债券面值之间的差额可分为（　　　）。

A.平价购入 　　　　　　　　　　　B.成本购入

C.溢价购入 　　　　　　　　　　　D.折价购入

6.下列属于小企业短期投资特点的有（　　　）。

A.容易变现

B.持有时间短

C.对被投资单位实施重大影响

D.不以控制、共同控制被投资单位为目的而进行的投资

7.下列属于小企业债权投资特点的有（　　　）。

A.投资的对象是债券

B.投资的目的不是为了获得另一小企业的剩余资产，而是为了获取高于银行储蓄存款利率的利息，并保证到期收回本金和利息

C.持有期限超过1年

D.投资风险较大，可以随时变现

8.下列属于小企业长期股权投资特点的有（　　　）。

A.长期持有

B.利益与风险并存，可以获取经济利益但须承担相应的风险

C.通常不能随时出售

D.投资风险较大

9.为了核算小企业长期股权投资的取得、收取现金股利、处置时的投资损益等业务，小企业应当设置的账户有（　　　）。

A.长期股权投资 　　　　　　　　　B.投资收益

C.应收股利 　　　　　　　　　　　D.应收利息

10.小企业进行短期投资核算时，可以根据需要设置（　　　）账户。

A."短期投资" 　　　　　　　　　　B."应收股利"

C."应收利息" 　　　　　　　　　　D."投资收益"

11.小企业按短期投资的种类设置明细科目，可以有（　　　）。

A.债券 　　　　　　　　　　　　　B.股票

C.基金 　　　　　　　　　　　　　D.证券公司名称

12. 小企业设置短期投资备查簿，用以详细登记（　　）等有关资料。

A. 被投资单位的名称　　　　　　　　B. 投资时间

C. 投资种类　　　　　　　　　　　　D. 股票或债券的面值

13. 小企业短期投资持有期间，被投资单位宣告分派现金股利时，涉及（　　）账户。

A. "应收股利"　　　　　　　　　　　B. "应收利息"

C. "短期投资"　　　　　　　　　　　D. "投资收益"

14. 小企业出售短期持有的股票时，可能涉及的账户有（　　）。

A. 银行存款　　　　　　　　　　　　B. 短期投资

C. 应收股利　　　　　　　　　　　　D. 投资收益

15. 小企业债权投资计提利息的方法有（　　）。

A. 分期计息，到期一次还本付息　　　B. 到期一次还本付息

C. 到期一次计息，一次归还本息　　　D. 分期付息，到期归还本金

16. 小企业到期收回债权投资时，按其账面余额，贷记"债权投资"账户，反映的账面价值包含（　　）。

A. 债券投资税费　　　　　　　　　　B. 债券的面值

C. 债券的差额　　　　　　　　　　　D. 已到付息期但尚未领取的债券利息

17. 小企业债权投资在持有期间属于分期付息、一次还本的长期债券计提利息，可能涉及的账户有（　　）。

A. 债权投资——应计利息　　　　　　B. 应收股利

C. 应收利息　　　　　　　　　　　　D. 投资收益

18. 下列情况可能涉及小企业"应收利息"账户的有（　　）。

A. 持有期间分期计息的长期债券

B. 持有期间确认长期股权投资已宣告分派的现金股利

C. 持有期间到期一次还本付息的长期债券

D. 持有期间确认短期投资的债券利息

19. 小企业对外投资的范围包括（　　）。

A. 短期投资　　　　　　　　　　　　B. 其他债权投资

C. 债权投资　　　　　　　　　　　　D. 长期股权投资

20. 下列关于小企业对外投资所涉及的账户，属于资产类的有（　　）。

A. 投资收益　　　　　　　　　　　　B. 应收利息

C. 营业外收入　　　　　　　　　　　D. 长期股权投资

三、判断题（正确打√，错误打×）

1. 小企业溢价购入债券是为以后多得利息而事先付出的代价。　　　　　　（　　）

2. 小企业购入的债券无论期限长短，其利息均应于收到时计入损益。　　　（　　）

3. 《小企业会计准则》规定，小企业购入短期和长期债券所发生的经纪人佣金、税金和手续费等，均作为债券投资的初始成本。

4. 小企业将短期投资进行出售转让时，所发生的收益或亏损均计入投资收益。（　　）

5.《小企业会计准则》规定，长期股权投资收到被投资单位分配的利润时，应贷记"投资收益"账户。　　　　　　　　　　　　　　　　　　　　　　　（　　）

6.《小企业会计准则》规定，长期股权投资应采用成本法核算。　（　　）

7.《小企业会计准则》规定，短期投资持有期间获得的现金股利，均借记"应收股利"账户，贷记"投资收益"账户。　　　　　　　　　　　　　　（　　）

8.小企业收到的股票股利是被投资企业给投资企业的报酬，因此，投资企业应确认收益。　　　　　　　　　　　　　　　　　　　　　　　　　　　（　　）

9.《小企业会计准则》规定，出售短期投资时，按实际收到的出售价款，贷记"短期投资"科目。　　　　　　　　　　　　　　　　　　　　　　　（　　）

10.小企业购买债券进行长期投资时，所发生的溢价或折价应在持有期间予以平均摊销。　　　　　　　　　　　　　　　　　　　　　　　　　　　（　　）

11.共同控制，是指有权决定一个小企业的财务和经营决策，并能据以从该小企业的经营活动中获取利益，被投资单位为本小企业的子公司。　　　　　　　（　　）

12.小企业的长期股权投资应当采用成本法或权益法进行会计处理。　（　　）

13.小企业准备长期（1年以上）持有的在1年内不能变现或者不准备随时变现的债券投资就是债权投资。　　　　　　　　　　　　　　　　　　　　（　　）

14.小企业购入债券作为长期投资，债权投资应当按照购买价款和相关税费作为成本进行计量。　　　　　　　　　　　　　　　　　　　　　　　　　（　　）

15."应收股利"账户仅用于核算小企业因进行短期的股权投资而应收的现金股利。
　　　　　　　　　　　　　　　　　　　　　　　　　　　　　　（　　）

16.小企业对短期股票投资持有期间所获得的股票股利不进行账务处理，但应在备查簿中登记所增加的股份。　　　　　　　　　　　　　　　　　　　（　　）

17.短期投资的实际成本，是指小企业为取得短期投资而实际支付的全部价款，包括税金、手续费等相关费用，但不包括实际支付的价款中所包含的已宣告但尚未领取的现金股利或已到付息期但尚未领取的利息。　　　　　　　　　　　　　　　（　　）

18.小企业的长期股权投资损失，应当于实际发生时计入营业外收入，同时冲减长期股权投资账面余额。　　　　　　　　　　　　　　　　　　　　　（　　）

19.重大影响，是指对一个小企业的财务和经营政策有参与决策的权利，但并不决定这些政策，被投资单位为本小企业的联营企业。　　　　　　　　　　（　　）

20.短期投资的目的不是为了获得另一小企业的剩余资产，而是为了获取高于银行储蓄存款利率的利息，并保证到期收回本金和利息。　　　　　　　　　（　　）

四、计算分录题

1.新新公司（小企业）2023年发生下列短期投资的经济业务：

（1）新新公司于2023年1月1日签发转账支票一张，向光大证券公司划入资金20万元，准备用于短期投资。

（2）新新公司于2023年4月9日从二级市场购入普通股股票10 000股，作为短期投资，每股买入价15元，价款150 000元，另支付税金和手续费200元，全部款项已从上述资金账户中扣除。

（3）新新公司于2023年4月25日宣告派发每股3元的现金股利3 000元，小企业于5月12日收到派发的现金股利，存入该资金账户。

（4）新新公司于2023年6月1日将持有的股票全部卖出，取得出售净收入145 000元，已存入该资金账户。

要求：根据上述业务编制相关会计分录。

2.火星公司（小企业）2023年发生下列短期投资业务：

（1）1月1日，购入钢铁公司发行的债券80张，每张价值1 000元，价款80 000元，年利率5%，另支付佣金1 600元，以及已到付息期但尚未领取的债券利息2 000元，款项已用银行存款支付。

（2）3月15日，收到上述债券利息。

（3）6月30日，计提该债券利息，金额为2 000元。

（4）7月13日，收到6月30日计提的利息。

（5）7月25日，将购入的钢铁公司债券80张，以每张1 050元价格成交，按交易金额的1%支付交易佣金，佣金已从出售收入中扣除，出售净收入已转入银行存款。

要求：根据上述业务编制相关会计分录。

3.某小企业债权投资的核算业务如下：

（1）小企业于2022年1月1日购入甲公司同日按面值发行的2年期、到期一次还本付息债券，准备长期持有，其面值为600 000元，票面利率为8%，以银行存款支付全部价款，小企业按年计提利息。2024年1月1日，债券到期，小企业如数收回债券本息并存入银行。

要求：编制相关会计分录。

（2）小企业于2021年1月5日购入乙公司当年1月1日按面值发行的3年期债券，准备长期持有，其面值为80 000元，票面利率为9%，以银行存款支付全部款项。该债券为分期付息债券，付息日为每年1月1日，到期归还本金并支付最后一年的利息，小企业按年计提债券利息。2024年1月1日，债券到期，小企业如数收回债券本息。

要求：编制相关会计分录。

4.华通小企业有关长期股权投资的业务如下：

（1）华通小企业于2023年年初按面值购入朝阳公司普通股25万股作为长期股权投资，每股面值1元，支付相关费用2 000元。2023年年末，朝阳公司宣告分派给华通小企业现金股利1万元，支付日期为2024年3月1日。

要求：编制自购入股票至2024年度的有关会计分录。

（2）2023年1月1日，华通小企业以存款220 000元购入B公司发行在外的全部普通股，购买的价款中包含宣告分配2022年度现金股利35 000元，2023年5月26日收到现金股利。2024年4月25日，B公司宣告分配2023年度现金股利36 000元，2024年5月3日收到宣告分派的现金股利。2024年6月6日，华通小企业将持有的B公司全部股票出售，发生相关税费3 000元，出售价款230 000元，款项已存入银行。

要求：采用成本法对华通小企业每年的有关投资业务进行核算。

五、实训题

1.长沙含光服饰公司向招商证券股份有限公司存入投资款，相关原始凭证见表3-1、表3-2。

表3-1

招商证券股份有限公司长沙营业部

2023年9月18日　　　　　　　　　　　资金流水凭条　　　　　　　　　　　单位：元

资金账号	1102021845672108901	客户	长沙含光服饰公司	银行	内部
发生日期	2023/9/18	流水号	86	币种	人民币
上次余额	880 000.00	发生金额	220 000.00		
本次结余	1 100 000.00	备注			
发生金额	人民币贰拾贰万元整				

操作柜员：124　　　　　　　审核：赵 东　　　　　　　客户签章：周 丽

表3-2

中国工商银行

转账支票存根

（上海证券印制有限公司·2023年印刷）

附加信息

_____

_____

出票日期 2023 年 9 月 18 日

收款人：招商证券股份有限公司

金　额：¥220 000.00

用　途：存出投资款

单位主管 熊美丽　会 计 刘艳丽

要求：根据原始凭证（证券公司转来的流水凭条、支票存根）编制记账凭证（见表3-3）。

表3-3

记 账 凭 证

年　　月　　日　　　　　　　　　　字第　　号

摘　要	总账科目	明细科目	记账√	借 方 金 额										记账√	贷 方 金 额									
				千	百	十	万	千	百	十	元	角	分		千	百	十	万	千	百	十	元	角	分
合　计																								

会计主管　　　　　　记账　　　　　　出纳　　　　　　审核　　　　　　制单

2.长沙含光服饰公司购买短期持有的股票，应当按照购买价款和相关税费作为成本进行计量，相关原始凭证见表3-4。

表3-4

招商证券股份有限公司长沙营业部

2023年9月20日 人民币	成交过户交割单 ［买入］
公司代码：398213	申请编号：342
证券账号：38291328	证券名称：新大洲股份有限公司0001
资金账号：1102021845672108901	成交数量：20 000
股东名称：长沙含光服饰公司	成交价格：10
申报时间：9:38:57	成交金额：200 000.00
成交时间：10:00:00	佣金：16 000.00
上次余额：1 100 000.00	印花税：4 000.00
实际收付：−220 000.00	过户费：0.00
资金余额：880 000.00	委托费：0.00
股票余数：20 000	其他费用：0.00
打印日期：2023年9月20日	备注：股票买入

经办单位：招商证券股份有限公司长沙营业部　　　　　　　　　　客户签章：王　其

要求：根据原始凭证（成交过户交割单）编制记账凭证（见表3-5）。

表3-5

记 账 凭 证

年　　月　　日　　　　　　　　　　　字第　　号

摘　要	总账科目	明细科目	记账√	借　方　金　额										记账√	贷　方　金　额										
				千	百	十	万	千	百	十	元	角	分		千	百	十	万	千	百	十	元	角	分
合　计																									

会计主管　　　　　记账　　　　　出纳　　　　　审核　　　　　制单

附件　　张

项目四　工资薪酬

一、单项选择题

1.下列各项中，不属于小企业职工薪酬核算内容的是（　　　）。

A.住房公积金　　　　　　　　　　　B.工会经费和职工教育经费

C.职工因工出差的差旅费　　　　　　D.因解除与职工的劳动关系给予补偿

2.小企业按照辞退计划条款的规定，合理预计确认辞退福利产生的应付职工薪酬并确认为负债，同时全部记入（　　　）账户。

A."生产成本"　　　　　　　　　　B."管理费用"

C."制造费用"　　　　　　　　　　D."营业外支出"

3.小企业因解除与职工的劳动关系给予职工补偿而发生的支出，应借记（　　　）账户。

A."管理费用"　　　　　　　　　　B."财务费用"

C."营业外支出"　　　　　　　　　D."销售费用"

4.小企业按规定缴纳的职工医疗保险费，应通过（　　　）账户进行核算。

A."应交税费"　　　　　　　　　　B."其他应付款"

C."应付职工薪酬"　　　　　　　　D."应付职工福利"

5.下列能够计入小企业产品成本的工资费用是（　　　）。

A.车间管理人员工资　　　　　　　　B.在建工程人员工资

C.专设销售机构人员工资　　　　　　D.管理部门人员工资

6.小企业向职工支付职工福利费，应借记（　　　）账户。

A."应付职工薪酬"　　　　　　　　B."银行存款"

C."管理费用"　　　　　　　　　　D."应付账款"

7.小企业从应付职工工资中代扣的个人所得税，应借记（　　　）账户。

A."应交税费"　　　　　　　　　　B."应付职工薪酬"

C."其他应付款"　　　　　　　　　D."管理费用"

8.小企业应在"应付职工薪酬"账户贷方登记的是（　　　）。

A.本月实际支付的工资数　　　　　　B.本月应分配的工资总额

C.本月结转的代扣款项　　　　　　　D.本月多支付的工资数

9.小企业无偿向职工提供住房等资产使用的，计提折旧时涉及的账户是（　　　）。

A.应付职工薪酬　　　　　　　　　　B.银行存款

C.其他应收款　　　　　　　　　　　D.其他应付款

10.某小企业向职工发放自产的加温器作为福利，该产品的成本为每台150元，共有职工500人，计税价格为200元，增值税税率为13%。该小企业计入应付职工薪酬的金额为（　　　）元。

A.113 000　　　　　　　　　　　　B.75 000

C.100 000　　　　　　　　　　　　D.84 750

二、多项选择题

1.下列项目中，属于小企业应付职工薪酬的有（　　）。

A.工资　　　　　　　　　　　　B.工会经费

C.基本养老保险费　　　　　　　　D.职工教育经费

2.小企业计提应付职工薪酬时，借方可能涉及的账户有（　　）。

A.制造费用　　　　　　　　　　B.销售费用

C.在建工程　　　　　　　　　　D.财务费用

3.下列应付生产职工薪酬中，可以计入小企业产品成本的有（　　）。

A.住房公积金　　　　　　　　　B.非货币性福利

C.工会经费　　　　　　　　　　D.职工教育经费

4.根据《小企业会计准则》关于职工薪酬的规定，属于小企业职工范围的有（　　）。

A.全职职工

B.兼职职工

C.临时职工

D.董事会、监事会和内部审计委员会成员

5.下列各项中，应通过小企业"应付职工薪酬"科目核算的项目有（　　）。

A.职工工资　　　　　　　　　　B.解除劳务关系给予的补偿

C.职工的社会保险费　　　　　　D.非货币性福利

6.下列各项开支中，不通过小企业"应付职工薪酬"反映的有（　　）。

A.诉讼费　　　　　　　　　　　B.职工生活困难补助费

C.职工食堂补助费　　　　　　　D.业务招待费

7.下列项目中，小企业应按国家规定的计提基础和计提比例计提应付职工薪酬的有（　　）。

A.基本医疗保险费　　　　　　　B.基本养老保险费

C.住房公积金　　　　　　　　　D.职工教育经费

8.下列各项中，小企业应通过"其他应付款"账户核算的有（　　）。

A.存入保证金　　　　　　　　　B.应付各种赔款

C.应付各项租赁业务租金　　　　D.支付职工非货币性福利

9.下列各项中，小企业应在"应付职工薪酬"账户列支的有（　　）。

A.张君报销医药费3 000元

B.支付食堂人员职工工资20 000元

C.春节期间发放职工生活困难补助费100 000元

D.支付给职工的工资200 000元

10.下列各项职工薪酬中，小企业不能直接在"管理费用"账户列支的有（　　）。

A.生产人员的薪酬　　　　　　　B.行政人员的薪酬

C.车间管理人员的薪酬　　　　　D.研发人员的薪酬

三、判断题（正确打√，错误打×）

1.小企业的职工薪酬，是指职工在职期间和离职后提供给职工的全部货币性薪酬和非货币性薪酬，既包括提供给职工本人的薪酬，也包括提供给职工配偶、子女或其他被赡养人的福利等。（　　）

2.小企业为职工缴纳的社会保险费，应当在职工为其提供服务的会计期间，按照国家规定的基准和比例，根据工资总额的一定比例计算。（　　）

3.小企业为职工缴纳的基本医疗保险费、基本养老保险费、失业保险费、工伤保险费等社会保险费和住房公积金，应当在职工为其提供服务的会计期间，根据工资总额的一定比例计算，计入资产成本或当期损益。（　　）

4.非货币性薪酬主要为非货币性福利，通常包括小企业以自己生产的产品或其他有形资产发放给职工作为福利，但不包括向职工无偿提供自己拥有的资产使用、为职工无偿提供类似医疗保健服务等。（　　）

5.小企业应当根据会计准则，严格按照辞退计划条款的规定，合理预计并确认辞退福利，按受益对象计入相关成本或当期损益。（　　）

6.小企业因解除与职工的劳动关系给予的补偿，借记"管理费用"账户，贷记"应付职工薪酬"账户。（　　）

7.小企业以自己生产的产品作为福利发放给职工时，其薪酬费用应按公允价值加上增值税销项税额确认。（　　）

8.小企业代扣职工的个人所得税，属于应付职工薪酬的内容。（　　）

9.小企业为职工缴纳的基本养老保险以及为职工购买的商业养老保险，均属于企业提供的职工薪酬。（　　）

10.将小企业拥有的房屋无偿提供给职工使用的，应当根据受益对象，将该住房每期应计提的折旧计入相关资产成本或当期损益，借记"管理费用""生产成本""制造费用"等账户，贷记"累计折旧"账户。（　　）

四、计算分录题

1.长沙含光服饰公司为小企业（增值税一般纳税人），本月发生与薪酬有关的业务如下：

（1）本月应发工资总额110万元，根据工资费用分配汇总表，其中，生产人员工资48万元，车间管理人员工资6万元，行政管理人员工资15万元，销售人员工资16万元，在建工程人员工资25万元。按工资总额的14%计提职工福利费，按工资总额的2%、1.5%计提工会经费和职工教育经费。

（2）总部部门经理级别以上职工每人提供一辆小汽车免费使用，公司总部共有部门经理级别以上职工12名，假定每辆小汽车每月计提折旧2 000元。公司为8名副总裁以上高级管理人员每人租赁一套公寓免费使用，每套月租金1万元，按月以银行存款支付。

（3）管理层2023年决定停止某车间的生产任务，提出职工没有选择权的辞退计划，规定拟辞退生产工人3人，总部管理人员2人，并于2024年1月31日执行，已经通知本人，并经董事会批准，辞退补偿为生产工人每人18万元，总部管理人员每人40万元。

（4）福利部门领用原材料一批，成本6 000元，购入时支付增值税780元。

（5）开出转账支票，将计提的工会经费2 580元拨付给工会使用。

（6）用现金支付职工王云的技术培训费800元。

要求：根据上述业务编制相关会计分录。

2. 某彩电生产小企业拥有职工220名，其中，180名为直接参加生产的职工，40名为总部管理人员。2023年10月，公司决定以其生产的液晶彩电作为福利发放给职工，该型号液晶彩电的单位生产成本为8 000元，单位公允价值为10 000元，假设计税价格等于公允价值。该小企业适用的增值税税率为13%。

要求：编制相关会计分录。

五、实训题

A公司（小企业）2023年5月的工资结算汇总表和工资附加费计算表，分别见表4-1和表4-2。

表4-1　　　　　　　　　　　　　工资结算汇总表　　　　　　　　　　　　　单位：元

车间或部门		标准工资	奖金	津贴和补贴	应扣工资	应付工资	代扣款			实发工资
							各项保险费	住房公积金	个人所得税	
生产车间	生产工人	30 500	12 500	5 860	1 040		2 400	3 400	2 500	
	管理人员	8 880	1 120	1 890	1 060		1 600	2 980	2 042	
小　计										
辅助车间	生产工人	10 500	1 800	5 120	1 200		1 900	1 300	1 500	
	管理人员	8 880	1 120	1 890	1 060		1 300	1 240	1 034	
小　计										
厂部管理人员		13 000	2 500	5 600	200		1 750	600	370	
销售人员		5 800	240	130	150		120	220	160	
合　计										

表4-2　　　　　　　　　　　　　工资附加费计算表　　　　　　　　　　　　　单位：元

车间或部门		应付工资	职工福利	社会保险	工会经费	职工教育经费
生产车间	生产工人					
	管理人员					
小　计						
辅助车间	生产工人					
	管理人员					
小　计						
厂部管理人员						
研发人员						
销售人员						
合　计						

要求：1.完成工资结算汇总表（见表4-1）。

2.根据工资结算汇总表编制提现、发放工资、结转代扣款以及工资分配转账的会计分录。

3.完成工资附加费计算表（见表4-2）。其中，按应付工资总额的5%计提职工福利费，按45%的综合比例计提各项保险费，按2%计提工会经费，按2.5%计提职工教育经费。

4.编制计提上述各项附加费、上缴保险费和拨付工会经费的会计分录。

项目五　财务成果

一、单项选择题

1.下列选项中，不属于营业收入的是（　　　）。

A.设备安装收入

B.销售商品取得的收入

C.罚款收入

D.销售材料取得的收入

2.A 小企业销售商品采取预收款方式，在（　　　）时确认收入。

A.收到预收款

B.发出商品

C.补收货款

D.退回多收款

3.甲小企业向乙小企业销售 A 商品 1 000 件，每件售价 280 元（不含税）。由于成批销售，甲小企业给予乙小企业 10% 的商业折扣，甲小企业规定的现金折扣条件为"2/10，N/20"。假设乙小企业于 8 天后付清货款，则甲小企业确认的销售收入为（　　　）元。

A.279 064.8

B.252 000

C.280 000

D.246 960

4.采用收取手续费的代销方式时，对于受托方收取的代销手续费，委托方应计入（　　　）。

A.销售费用

B.财务费用

C.管理费用

D.主营业务成本

5.某小企业自行研究开发一项技术并已获得专利权，在技术的研究开发过程中，发生研发支出 146 000 元，其中资本化支出 120 000 元，则费用化支出应转入（　　　）科目。

A."财务费用"

B."销售费用"

C."管理费用"

D."无形资产"

6.小企业损益类账户期末结转至本年利润后，该账户（　　　）。

A.无余额

B.有余额，在借方

C.有余额，在贷方

D.有余额，收入类账户余额在贷方，费用类账户余额在借方

7.下列各项中，可采用完工百分比法确认收入的是（　　　）。

A.分期收款销售商品

B.委托代销商品

C.在同一会计年度开始并完成的劳务

D.跨越一个会计年度才完成的劳务

8.小企业因自然灾害所造成的生产用材料毁损，经有关部门批准后，应将扣除保险公司等赔偿和残料价值后的净损失计入（　　　）。

A.管理费用

B.其他业务成本

C.营业外支出

D.生产成本

9.某小企业于 2023 年 9 月接受一项产品安装任务，安装期 6 个月，合同总收入 10 万

元，年度预收款项4万元，余款在安装完成时收回。当年实际发生成本3万元，预计还将发生成本2万元。该小企业2024年度确认的收入为（　　）万元。

A.4　　　　　　　　　　　　　　B.6

C.10　　　　　　　　　　　　　　D.0

10.某小企业2023年1月发生主营业务收入123 400元，主营业务成本84 040元，税金及附加2 500元，其他业务收入2 000元，其他业务成本1 500元，销售费用5 560元，管理费用2 000元，财务费用560元，营业外收入800元，营业外支出500元。该小企业当月的营业利润为（　　）元。

A.37 360　　　　　　　　　　　　B.36 860

C.34 800　　　　　　　　　　　　D.29 240

11.下列项目中，不应计入产品生产成本的费用是（　　）。

A.生产车间机器设备的修理费　　　　B.行政管理部门设备的折旧费

C.生产车间厂房的折旧费　　　　　　D.生产工人的劳动保护费

12.专设销售机构的办公费用，应记入（　　）科目。

A."管理费用"　　　　　　　　　　B."销售费用"

C."主营业务成本"　　　　　　　　D."其他业务成本"

13.小企业收到违约者交付的罚款收入，应（　　）科目。

A.记入"其他应收款"　　　　　　　B.记入"营业外收入"

C.记入"其他业务收入"　　　　　　D.冲减"营业外支出"

14.下列各项中，不影响小企业营业利润的项目是（　　）。

A.商品销售收入　　　　　　　　　　B.劳务收入

C.固定资产租金收入　　　　　　　　D.营业外收入

15.小企业对遭受自然灾害的地区捐赠一批物资所发生的捐赠支出，应记入（　　）科目。

A."销售费用"　　　　　　　　　　B."其他业务成本"

C."营业外支出"　　　　　　　　　D."管理费用"

16.商品流通小企业在进货过程中所发生的相关费用，应记入（　　）科目。

A."商品成本"　　　　　　　　　　B."管理费用"

C."销售费用"　　　　　　　　　　D."财务费用"

17.小企业发生的违约金支出，应记入（　　）科目。

A."管理费用"　　　　　　　　　　B."营业外支出"

C."财务费用"　　　　　　　　　　D."其他业务成本"

18.下列各项中，应计入管理费用的是（　　）。

A.短期投资损失　　　　　　　　　　B.行政管理部门领用存货

C.接受捐赠固定资产发生的相关支出　D.自然灾害造成的存货损失

19.小企业发生的超标业务招待费，应记入（　　）科目。

A."管理费用"　　　　　　　　　　B."销售费用"

C."利润分配"　　　　　　　　　　D."营业外支出"

20.对于不跨会计年度的劳务收入，确认收入采用的方法是（　　）。

A.完成合同法   B.完工百分比法

C.分期确认法   D.配比法

21.小企业（批发业、零售业）在购买商品过程中发生的费用（包括运输费、装卸费、包装费、保险费、运输途中的合理损耗和入库前的挑选整理费等），应记入（   ）科目。

A."库存商品"   B."管理费用"

C."销售费用"   D."原材料"

22.下列有关小企业销售商品收入的确认，不正确的是（   ）。

A.销售商品采用支付手续费方式委托代销的，在收到代销清单时确认收入

B.销售商品以旧换新的，销售的商品作为商品销售处理，回收的商品作为购进商品处理

C.销售商品需要安装和检验的，在购买方接受商品及安装和检验完毕时确认收入

D.销售商品采用托收承付方式的，在发出商品时确认收入

23.劳务的开始和完成分属不同会计年度的，应当按照（   ）确认提供劳务收入。

A.对价的公允价值   B.从购买方已收或应收的合同或协议价款

C.提供劳务交易完成且取得收款权利   D.完工百分比法

24.下列各项中，不应计入销售费用的是（   ）。

A.商品维修费   B.批发企业商品采购运输费

C.业务招待费   D.产品参展费

25.小企业销售商品采用收取手续费方式委托代销的，商品销售收入确认的时间是（   ）。

A.发出商品日期   B.受托方发出商品日期

C.收到代销单位的代销清单日期   D.收到全部款项日期

26.2023年5月，H公司在家电以旧换新业务中，销售新型电视100台，每台售价2 000元（不含增值税），成本900元；同时，回收旧电视50台，回收价格每台226元（含增值税）。该公司应确认收入的金额为（   ）元。

A.200 000   B.22 600

C.190 000   D.10 000

27.某小企业当月销售商品发生商业折扣20万元、现金折扣15万元、销售折让25万元，则该小企业上述业务计入当月财务费用的金额为（   ）万元。

A.15   B.20

C.25   D.35

28.甲公司为小企业（增值税一般纳税人），当月赊销产品一批，开出的增值税专用发票上注明销售价格50 000元，增值税6 500元，另以银行存款代购货方垫付运杂费500元，则甲公司应收账款的入账价值为（   ）元。

A.50 000   B.50 500

C.56 500   D.57 000

29.小企业销售商品涉及商业折扣的，应当按照（   ）的金额确定销售商品收入金额。

A.扣除商业折扣前   B.扣除商业折扣后

C.双方协议　　　　　　　　　　　　D.市场上同类商品

30.下列表述中，不正确的是（　　　）。

A.小企业为生产服务的固定资产在使用过程中发生的日常修理费，计入制造费用

B.小企业的长期借款计算确定的利息费用，属于生产经营期间的，计入财务费用

C.小企业的长期借款用于购建固定资产，在固定资产尚未达到竣工决算前，所发生的应当资本化的利息支出数，计入在建工程成本

D.小企业的长期借款用于购建固定资产，在固定资产达到竣工决算后，所发生的利息支出数，计入财务费用

31."利润分配——未分配利润"账户的贷方余额反映（　　　）。

A.小企业累计尚未弥补的亏损　　　　B.小企业本年的亏损

C.小企业积存的尚未分配的利润　　　D.小企业本年的利润

32.某工业小企业本期主营业务收入为300万元，主营业务成本为200万元，其他业务收入为80万元，其他业务成本为70万元，管理费用为15万元，投资收益为30万元，所得税费用为30万元。假定不考虑其他因素，该小企业本期净利润为（　　　）万元。

A.110　　　　　　　　　　　　　　B.125

C.100　　　　　　　　　　　　　　D.95

33.甲小企业有一笔应付款项确定无法支付应予转销，则其贷方应记入（　　　）账户。

A."资本公积"　　　　　　　　　　B."管理费用"

C."其他应付款"　　　　　　　　　D."营业外收入"

34."本年利润"账户的借方余额表示（　　　）。

A.本年发生的盈利　　　　　　　　　B.本年发生的亏损

C.收入总额　　　　　　　　　　　　D.费用总额

35.某小企业2023年年初"未分配利润"账户的贷方余额为200万元，本年度实现的净利润为200万元，分别按10%和5%提取法定盈余公积和任意盈余公积。假定不考虑其他因素，该小企业2023年年末"未分配利润"账户的贷方余额应为（　　　）万元。

A.310　　　　　　　　　　　　　　B.255

C.370　　　　　　　　　　　　　　D.285

二、多项选择题

1.收入是小企业在（　　　）等日常经营活动中所形成的经济利益的总流入。

A.出租固定资产　　　　　　　　　　B.提供劳务

C.接受投资　　　　　　　　　　　　D.销售商品

2.下列各项中，属于小企业营业收入的有（　　　）。

A.小企业销售商品所获得的收入　　　B.转让无形资产所有权取得的转让收入

C.出售固定资产所获得的净收入　　　D.出租固定资产所获得的租金收入

3.下列各项中，属于小企业营业收入的有（　　　）。

A.出租固定资产取得的收入　　　　　B.出售固定资产取得的收入

C.转让无形资产所有权取得的收入　　D.材料销售收入

4.下列各项中，不应在发生时确认为销售费用的有（　　　）。

A.对固定资产进行改建的支出费用　　　　B.销售商品包装费

C.车间管理人员职工薪酬　　　　D.预计产品质量保证损失

5.下列各项中，属于小企业营业外收入的有（　　　）。

A.罚款收入　　　　B.逾期未退包装物押金收入

C.处置固定资产净收益　　　　D.包装物出租收入

6.下列各项中，属于小企业营业外支出的有（　　　）。

A.税款滞纳金支出　　　　B.违反经济合同的罚款支出

C.自然灾害造成的存货损失　　　　D.出租包装物结转的成本

7.下列各项中，不影响小企业（增值税一般纳税人）销售商品收入金额的有（　　　）。

A.从购货方已收或应收的价款　　　　B.现金折扣

C.增值税销项税额　　　　D.代垫购货方的运杂费

8.下列科目中，应于期末将余额结转至"本年利润"科目的有（　　　）。

A.其他业务收入　　　　B.税金及附加

C.生产成本　　　　D.增值税

9.小企业可以用（　　　）来弥补五年内亏损。

A.税前利润　　　　B.税后利润

C.以前年度提取未使用的盈余公积　　　　D.递延收益

10.下列各项收入中，属于工业小企业其他业务收入的有（　　　）。

A.转让无形资产使用权取得的收入　　　　B.出售固定资产的收入

C.提供运输劳务所取得的收入　　　　D.销售原材料所取得的收入

11.下列费用中，应当作为管理费用核算的有（　　　）。

A.技术转让费　　　　B.业务招待费

C.公司审计费　　　　D.公司广告费

12.下列各项支出在发生时，应当直接确认为当期损益的有（　　　）。

A.固定资产安装工人职工薪酬　　　　B.广告费支出

C.专设销售机构人员职工薪酬　　　　D.管理人员职工薪酬

13.小企业发生的期间费用主要包括（　　　）。

A.制造费用　　　　B.管理费用

C.销售费用　　　　D.财务费用

14.按照《小企业会计准则》的规定，下列税费应在"税金及附加"账户核算的有（　　　）。

A.房产税　　　　B.车船税

C.土地增值税　　　　D.增值税

15.下列构成并影响营业利润的项目有（　　　）。

A.主营业务成本　　　　B.税金及附加

C.投资收益　　　　D.管理费用和财务费用

16.按照《小企业会计准则》的规定，下列商品销售业务不能确认为收入的有（　　　）。

A.尚未完成售出商品的安装或检验工作，且此项安装或检验任务是销售合同的重要
　组成部分

B.收取手续费方式下，委托方收到代销清单的商品销售

C.预收款销售，货款已经收到，货物尚未发出

D.采用赊销方式销售的商品

17.下列各项中，小企业应在发生时直接确认为期间费用的有（　　）。

A.管理人员薪酬　　　　　　　　B.广告费支出

C.固定资产安装工人薪酬　　　　D.专设销售机构薪酬

18.下列计提长期借款利息的账务处理中，借方可能涉及的账户有（　　）。

A.研发支出　　　　　　　　　　B.财务费用

C.在建工程　　　　　　　　　　D.长期借款

19.下列有关小企业提供劳务收入确认的表述中，正确的有（　　）。

A.同一会计年度开始并完成的劳务，应当在提供劳务交易完成且收到款项或取得收款权利时，确认提供劳务收入

B.劳务的开始和完成分属不同会计年度的，应当按照完工进度确认提供劳务收入

C.对于一次就能完成的劳务，企业应在提供劳务完成时确认收入及相关成本

D.对于持续一段时间但在同一会计期间内开始并完成的劳务，企业应按完工进度确认收入

20.为了核算利润分配的过程、去向和结果，小企业应当设置的账户有（　　）。

A.利润分配　　　　　　　　　　B.管理费用

C.盈余公积　　　　　　　　　　D.应付账款

21.下列各项中，会引起年末未分配利润数额变化的有（　　）。

A.用盈余公积转增资本　　　　　B.用资本公积转增资本

C.本年利润转入　　　　　　　　D.提取盈余公积

22.关于利润分配的核算，下列表述正确的有（　　）。

A.小企业应设置"利润分配"账户，其贷方登记已分配的利润数额

B.小企业应设置"盈余公积"账户，其贷方登记提取的盈余公积数额

C."应付利润"账户用来核算小企业向投资者分配利润情况，期末余额一般在贷方

D.小企业向投资者分配利润后，剩余部分可以按规定提取盈余公积

23.下列各项中，应计入期间费用的有（　　）。

A.销售商品发生的销售折让　　　B.销售商品发生的售后服务费

C.销售商品发生的商业折扣　　　D.委托代销商品支付的手续费

24.下列各项中，影响营业利润的有（　　）。

A.已销商品成本　　　　　　　　B.原材料销售收入

C.出售固定资产净收益　　　　　D.转让股票所得净收益

25.盈余公积可用于（　　）。

A.弥补亏损　　　　　　　　　　B.转增资本

C.扩大企业生产经营　　　　　　D.发放工资

26.某小企业2023年度利润总额820 000元，本年度国债利息收入20 000元，按税法规定本年度准予扣除的业务招待费200 000元，实际发生的业务招待费250 000元。适用的企业所得税税率为25%，假定无其他纳税调整因素，下列各项正确的有（　　）。

A.纳税调整数额为30 000元　　　　B.纳税调整数额为50 000元
C.应纳税所得额为850 000元　　　　D.应交所得税为212 500元

三、判断题（正确打√，错误打×）

1.存货发生毁损，处置收入、可收回的责任人赔偿和保险赔款，扣除其成本、相关税费后的净额，应当计入营业外支出或营业外收入。（　　）

2.小企业只能用税后利润弥补亏损。（　　）

3.收取手续费方式的代销业务中，受托方应按代销商品的实际售价确认收入。（　　）

4.《小企业会计准则》规定，购货方获得的销售折让，应作为财务费用处理。（　　）

5.委托其他单位代销商品时，应当在收到代销单位的代销清单后确认收入的实现。（　　）

6.小企业确认收入后，又发生销售折让的，不论是当年销售的还是以前年度销售的，均冲减销售当月的销售收入。（　　）

7."利润分配"科目的年末余额表示本年实现的尚未分配的"未分配利润"或"未弥补亏损"数额。（　　）

8.财产保险费应作为管理费用核算。（　　）

9.制造费用与管理费用不同，本期发生的管理费用直接影响本期的损益，而本期发生的制造费用不一定影响本期的损益。（　　）

10.小企业专设销售机构销售商品的成本，应计入销售费用。（　　）

11.对于需要安装商品的销售，只在购买方接受商品以及安装和检验完毕后确认收入。（　　）

12.增值税小规模纳税人销售商品应收取的增值税，与销售商品价款一并确认收入。（　　）

13.《小企业会计准则》规定，小企业发生的现金折扣应冲减主营业务收入。（　　）

14.小企业按规定用盈余公积弥补以前年度亏损时，应按弥补数额，借记"盈余公积"科目，贷记"本年利润"科目。（　　）

15.小企业销售商品采用预收款方式的，在发出商品时确认收入。（　　）

16.《小企业会计准则》规定，发生销售退回，不论属于本年度还是属于以前年度的，均冲减当期销售收入。（　　）

17.小企业核算下，税金及附加增加了四小税和两费，分别为城镇土地使用税、房产税、车船税、印花税和矿产资源补偿费、排污费。（　　）

18.车间管理人员的工资不属于直接工资，因而不能计入产品成本，应计入期间费用。（　　）

19.小企业出租包装物取得的收入，应确认为其他业务收入。（　　）

20.小企业与其他小企业签订的合同或协议包含销售商品和提供劳务时，销售商品部分和提供劳务部分不能区分，或虽能区分但不能单独计量的，应作为销售商品处理。（　　）

21.销售商品采取赊销方式的，在收到货款时确认收入。　　　　　　　　　（　　）

22.计算应交所得税时，在不存在纳税调整事项的情况下，应纳税所得额等于税前会计利润。　　　　　　　　　　　　　　　　　　　　　　　　　　　　（　　）

23."利润分配——未分配利润"科目本期有余额，期末没有余额。　　　　（　　）

24.小企业以前年度亏损未弥补完时，不得向投资者分配利润，但可以提取法定盈余公积。　　　　　　　　　　　　　　　　　　　　　　　　　　　　　（　　）

25.小企业提取的法定盈余公积累计超过其注册资本的50%时，可以不再提取。
　　　　　　　　　　　　　　　　　　　　　　　　　　　　　　　　　（　　）

四、计算分录题

1.利达小企业于2023年12月18日销售A商品一批，售价50 000元，增值税6 500元，成本26 000元。合同中规定的现金折扣条件为"2/10，1/20，N/30"（不考虑增值税），买方于2023年12月27日付款。

要求：（1）编制销售过程和收款过程的会计分录。

（2）如果该批产品于2024年5月10日被退回，货款如数退还，编制销售退回的会计分录。

2.方正公司符合小企业标准，属于增值税一般纳税人，适用的增值税税率为13%。2023年5月1日，方正公司向菲力公司销售A商品2 000件，每件标价1 000元，实际售价900元（不含增值税），已开出增值税专用发票，商品已交付菲力公司。为了及早收回货款，方正公司在合同中规定的现金折扣条件为"2/10，1/20，N/30"（假定计算现金折扣时不考虑增值税）。

要求：（1）编制方正公司销售商品时的会计分录。

（2）根据以下假定，分别编制方正公司收到款项时的会计分录：

①菲力公司于5月9日按合同规定付款，方正公司收到款项并存入银行。

②菲力公司于5月18日按合同规定付款，方正公司收到款项并存入银行。

③菲力公司于5月27日按合同规定付款，方正公司收到款项并存入银行。

3.唯创公司（小企业）对外提供劳务，合同总收入100万元。劳务跨年度完工，已预收劳务费40万元。截至2023年，已发生劳务成本36万元（均用存款支付），预计劳务总成本60万元。

要求：编制唯创公司确认当年合同收入、劳务成本的会计分录。

4.力谷公司系增值税一般纳税人，适用13%的增值税税率和25%的企业所得税税率。销售价格除标明为含税价格外，均为不含税价格。力谷公司2023年12月发生下列经济业务：

（1）2日，向利达小企业赊销A产品10件，单价为2 000元/件，单位销售成本为1 200元，约定付款条件为"2/10，N/20"。

（2）8日，利达小企业收到A产品后，发现有少量的不合格品，经双方协商，力谷公司同意折让5%，并开出红字增值税专用发票，扣除折让后，利达小企业于12月18日偿还余款。

（3）10日，以预收款销售方式向利康小企业销售B产品10件，单价为4 000元/件，单位销售成本为3 000元。根据销售合同，收到价款的30%并存入银行。

（4）15日，向云逸小企业销售材料一批，价款为20 000元，该材料发出成本为16 000元，当日收取面值为22 600元的银行承兑汇票一张。

（5）18日，利达小企业要求退回本年11月20日购买的10件A产品，产品销售单价为2 000元/件，单位销售成本为1 200元，其销售收入20 000元已确认入账，价款尚未收取。经查明退货原因系发货错误，同意利达小企业退货，并办理退货手续和开具红字增值税专用发票。

（6）22日，收到东海公司本年度使用本公司专有技术费60万元，增值税税率为6%。

（7）31日，转让某旧生产设备（该设备于2019年购入），该设备的原价为300 000元，已提折旧200 000元，取得转让收入50 000元，并支付清理费用4 000元，款项均通过银行存款收付。假定不考虑其他相关税费。

（8）31日，出售一项专利权，取得转让收入160万元，该专利权的成本为200万元，已摊销50万元，增值税税率为6%，相关款项存入银行。

要求：根据上述业务编制相关会计分录。

5.银都小企业系增值税一般纳税人，2023年5月发生下列经济业务（除标明现金支付外，其余均为银行存款收付）：

（1）1日，支付银行存款利息50 000元。

（2）2日，行政管理部门发生日常修理费用1 000元。

（3）5日，发生生产工人职工教育经费17 000元。

（4）6日，支付广告宣传费8 000元。

（5）7日，捐赠支出4 000元，以现金支付。

（6）8日，支付生产车间水电费16 000元。

（7）10日，支付各项税收罚款及滞纳金2 900元。

（8）13日，购买办公用品100元，以现金支付。

（9）15日，缴纳资源税4 600元。

（10）16日，支付全年的财产保险费3 260元。

（11）18日，支付诉讼费用640元。

（12）19日，发生业务招待费14 800元，以现金支付。

（13）22日，销售产品由小企业负担的运输费用2 000元（取得货运普通发票）。

（14）23日，用银行存款支付生产用固定资产修理费用10 000元。

（15）28日，分配职工工资100 000元，其中生产工人工资80 000元、车间管理人员工资4 000元、公司管理人员工资6 000元、销售人员工资10 000元，并按上述工资总额的14%计提职工福利费。

（16）29日，摊销无形资产价值8 000元。

（17）31日，结转本月发生的各损益类账户至"本年利润"科目。

要求：根据上述业务编制相关会计分录。

6.利普公司（小企业）2023年5月发生下列经济业务：

（1）出售设备一台，扣除相关费用后的净收益为6 000元，经批准转销。

（2）收到利达公司因违约而交付的违约金 2 000 元，存入银行。

（3）欠东阳公司货款 10 000 元，因东阳公司撤销，经批准予以转销。

（4）收到对外出租的固定资产租金 4 000 元，存入银行。

（5）盘亏固定资产，其净损失为 38 000 元，经批准予以转销。

（6）捐赠给慈善基金会 3 000 元，以转账支票支付。

（7）用现金支付税收滞纳金 800 元。

要求：根据上述业务编制相关会计分录。

7.长沙含光服饰公司 2023 年度实现利润总额 180 万元，按 25% 计算所得税费用（无其他纳税调整项目），按净利润的 10% 提取法定盈余公积金，并分配给投资者 18 万元的利润。（单位：万元）

要求：（1）计算该小企业 2023 年度净利润并编制计提所得税的会计分录。

（2）编制利润分配的会计分录。

（3）结转"本年利润"及"利润分配"科目的各明细科目。

8.辉亿公司（小企业）2023 年年末损益类有关科目的余额见表 5-1。

表 5-1　　　　　　　　　　　　损益类科目余额表　　　　　　　　　　单位：元

科目名称	借方余额	贷方余额
主营业务收入		120 000
主营业务成本	60 000	
税金及附加	5 400	
销售费用	2 600	
管理费用	8 000	
财务费用	2 000	
其他业务收入		7 500
其他业务成本	4 500	
投资收益		1 500
营业外收入		3 500
营业外支出	1 000	

要求：（1）分别计算该公司实现的营业利润、利润总额。

（2）编制各损益类账户发生额结转至"本年利润"科目的会计分录。

五、操作题

1.2023年4月14日，长沙含光服饰公司向东阳商场销售男上衣200件，单价400元/件，休闲裤200条，单价300元/条，以现金支付销售男上衣、休闲裤的汽车运费926.50元。小企业采用托收承付结算方式委托银行办妥托收手续。

要求：（1）根据相关资料填制托收凭证（见表5-2）。

表5-2

托 收 凭 证（受理回单）   **1**

委托日期　　年　月　日

业务类型		委托收款（□邮划、□电划）					托收承付（□邮划、□电划）											此联作收款人开户银行给收款人的受理回单
付款人	全　称					收款人	全　称											
	账　号						账　号											
	地　址	省	市县	开户行			地　址	省	市县	开户行								
金额	人民币（大写）							亿	千	百	十	万	千	百	十	元	角	分
款项内容			托收凭据名　称					附寄单证张数										
商品发运情况						合同名称号码											
备注：			款项收妥日期					收款人开户银行签章										
		复核　　记账					年　月　日					年　月　日					

（2）根据托收承付回单联（见表5-2）、运费结算单（见表5-3）、增值税专用发票记账联（见表5-4）编制记账凭证（见表5-5）。

表5-3

汽车货物运费结算单

2023年4月14日

发货单位：长沙含光服饰公司		
收货单位：东阳商场	由供货单位负担现金付讫	
承运单位：四方汽车运输队	里程：60千米	
货物件数：	运费：926.50元	人民币（大写）玖佰贰拾陆元伍角整
备注：	运费可按9%抵扣	

表5-4

湖南省增值税专用发票

此联不作报销、扣税凭证使用　　　开票日期：2023年4月14日　　No45215731

购买方	名　　　称：东阳商场					密码区		略		
	纳税人识别号：320000856481463									
	地址、电话：湖北武汉市汉林路12号 027-7756731									
	开户行及账号：中国工商银行天山支行46853245									

货物或应税劳务、服务名称	规格型号	单位	数量	单价	金额	税率	税额
男上衣	175（L）	件	200.00	400.00	80 000.00	13%	10 400.00
休闲裤	L（11）	条	200.00	300.00	60 000.00	13%	7 800.00
合　计					¥140 000.00		¥18 200.00

价税合计（大写）	⊗壹拾伍万捌仟贰佰元整	（小写）¥158 200.00

销售方	名　　　称：长沙含光服饰公司		备注
	纳税人识别号：320303836556447		
	地址、电话：长沙市开福区芙蓉中路155号 88746532		
	开户行及账号：中国工商银行中山支行1102021845672108901		

收款人：　　　　复核：　　　　开票人：张平　　　　销售方：（章）

第一联：记账联　销售方记账凭证

表5-5

记　账　凭　证

年　月　日　　　　　字第　号

摘要	总账科目	明细科目	记账√	借方金额 千百十万千百十元角分	记账√	贷方金额 千百十万千百十元角分
合　计						

附件　张

会计主管　　　记账　　　出纳　　　审核　　　制单

2.2023年5月5日，长沙含光服饰公司开出转账支票，结算支付应在业务招待费中列支的餐费6 460元，取得增值税普通发票（见表5-6）。（长沙含光服饰公司开户行：中国工商银行中山支行；账号：1102021845672108901）

要求：（1）填写转账支票（见表5-7）。

（2）编制支付餐费的记账凭证（见表5-8）。

表5-6

湖南省增值税普通发票

发票联

开票日期：2023年5月5日

第二联：发票联 购买方记账凭证

购买方	名　称：	长沙含光服饰公司				密码区		略		
	纳税人识别号：	320303836556447								
	地址、电话：	长沙市开福区芙蓉中路155号 88746532								
	开户行及账号：	中国工商银行中山支行1102021845672108901								

货物或应税劳务、服务名称	规格型号	单位	数量	单价	金额	税率	税额
餐费					6 271.84	3%	188.16
合　计					￥6 271.84		￥188.16
价税合计（大写）	⊗陆仟肆佰陆拾元整						（小写）￥6 460.00

销售方	名　称：	长沙华天餐饮公司	备注	
	纳税人识别号：	924301004449078		长沙华天餐饮公司
	地址、电话：	长沙市雨花区环保大道 88833777		924301004449078
	开户行及账号：	长沙银行芙蓉分理处45078053		发票专用章

收款人：曹晓　　　　复核：童茜　　　　开票人：朱兰　　　　销售方：（章）

表5-7

中国工商银行 转账支票存根	中国工商银行　　转账支票	
	出票日期（大写）　　年　　月　　日	付款行名称：
附加信息_____	收款人：	出票人账号：
	人民币	亿千百十万千百十元角分
出票日期　年　月　日	（大写）	
收款人：	用途_____	密码_____
金　额：	上列款项请从	行号_____
用　途：	我账户内支付	
单位主管　会计	出票人签章	复核　　　　记账

付款期限自出票之日起十天

表5-8

记 账 凭 证

年　　月　　日　　　　　　　　　　字第　号

摘 要	总账科目	明细科目	记账√	借 方 金 额									记账√	贷 方 金 额								
				千	百	十	万	千	百	十	元	角	分	千	百	十	万	千	百	十	元	角	分
合 计																							

附件　张

会计主管　　　　记账　　　　　出纳　　　　　审核　　　　　制单

项目六 筹资业务

一、单项选择题

1.小企业实际收到投资者投入的货币资金或投资各方确认的资产价值超过其在注册资本中所占份额的部分，应当（　　）。

A.作为资本溢价，计入营业外收入　　　　B.作为资本溢价，计入实收资本

C.作为资本溢价，计入盈余公积　　　　　D.作为资本溢价，计入资本公积

2.2023年4月1日，某小企业因生产经营的临时性需要从银行取得借款40 000元，借款期限6个月，借款年利率6%，利息按季结算。编制4月份利息费用的会计分录为（　　）。

A.借：财务费用　　　　200　　　　　　B.借：管理费用　　　　　200

　　贷：短期借款　　　　　200　　　　　　　贷：应付利息　　　　　200

C.借：财务费用　　　　200　　　　　　D.借：应付利息　　　　　200

　　贷：应付利息　　　　　200　　　　　　　贷：银行存款　　　　　200

3.下列关于小企业"实收资本"账户的说法中，正确的是（　　）。

A.借方登记所有者权益投入资金的增加数

B.借方登记以资本公积转增资本的数额

C.贷方登记所有者投入小企业资本的减少数

D.贷方登记以盈余公积转增资本的数额

4.A小企业由甲、乙两方各出资100万元组建而成。经营1年后，经协议约定，丙公司投资120万元加入A小企业且持股比例占注册资本的1/3。如果甲、乙公司的投资额均未发生变动，则丙公司加入后A小企业的实收资本应增加到（　　）万元。

A.100　　　　　　　　　　　　　　　　B.120

C.300　　　　　　　　　　　　　　　　D.320

5.乙公司（小企业）接受丙公司股东投入设备一台，该设备在丙公司的账面原值为52 000元，累计折旧为16 000元，该设备经过乙、丙公司共同确认价值为40 000元。乙公司接受投资后，丙公司占乙公司注册资本1 000 000元的3%。乙公司正确的会计处理是（　　）。

A.借：固定资产　　52 000　　　　　　B.借：固定资产　　　　40 000

　　贷：实收资本　　　　36 000　　　　　　贷：实收资本　　　　　40 000

　　　　累计折旧　　　　16 000

C.借：固定资产　　40 000　　　　　　D.借：固定资产　　　　52 000

　　贷：实收资本　　　　30 000　　　　　　贷：实收资本　　　　　52 000

　　　　资本公积　　　　10 000

6.某小企业接受A投资者投入的一项设备，原值10万元，已提折旧2万元，双方约定价值为6万元。该项实收资本入账价值为（　　）万元。

A.10　　　　　　　　　　　　　　　　B.2

C.6　　　　　　　　　　　　　　　　D.8

7.小企业短期借款的利息支出，应借记（　　）账户。

A."管理费用"　　　　　　　　　　　B."财务费用"

C."销售费用"　　　　　　　　　　　D."短期借款"

8.下列项目中，不属于小企业流动负债的是（　　）。

A.长期借款　　　　　　　　　　　　B.预收账款

C.应付利润　　　　　　　　　　　　D.短期借款

9.小企业的"实收资本"账户，按（　　）设置明细账户。

A.债权人　　　　　　　　　　　　　B.投资人

C.债务人　　　　　　　　　　　　　D.法人

10.短期借款是指小企业向银行或其他金融机构等借入的期限在（　　）内的各种借款。

A.3个月　　　　　　　　　　　　　B.6个月

C.9个月　　　　　　　　　　　　　D.1年

11.小企业核算短期借款利息时，不会涉及的账户是（　　）。

A.应付利息　　　　　　　　　　　　B.财务费用

C.银行存款　　　　　　　　　　　　D.短期借款

12.小企业的盈余公积和未分配利润合称为（　　）。

A.资本公积　　　　　　　　　　　　B.利润总额

C.投资资本　　　　　　　　　　　　D.留存收益

13.下列不属于小企业所有者权益类账户的是（　　）。

A.实收资本　　　　　　　　　　　　B.应付股利

C.资本公积　　　　　　　　　　　　D.盈余公积

14.下列关于实收资本的说法中，错误的是（　　）。

A.实收资本是指投资者按照合同协议约定或相关规定投入到小企业、构成小企业注册资本的部分

B.实收资本在一般情况下无须偿还，可以长期周转使用

C.小企业根据有关规定增加注册资本，应贷记"实收资本"账户

D.小企业收到投资者的出资，按照其在注册资本中所占的份额，贷记"实收资本"账户，按照其差额，贷记"盈余公积"账户

15.小企业根据有关规定用资本公积转增资本，应借记"资本公积"账户，贷记（　　）账户。

A."银行存款"　　　　　　　　　　　B."盈余公积"

C."实收资本"　　　　　　　　　　　D."本年利润"

二、多项选择题

1.下列项目中，属于小企业非流动负债的有（　　）。

A.长期应付款　　　　　　　　　　　B.应付利润

C.应付股利　　　　　　　　　　　　D.长期借款

2.小企业的长期借款利息按其发生情况，可以记入（　　）账户。

A."财务费用"　　　　　　　　　　　B."销售费用"

C."在建工程"　　　　　　　　　　　D."其他应付款"

3.下列各项中，不属于小企业留存收益的有（　　）。

A.未分配利润　　　　　　　　　　　B.资本公积

C.盈余公积　　　　　　　　　　　　D.实收资本

4.某塑料厂（小企业）为购置生产线取得长期借款，分期付息到期一次还本，则小企业购置的固定资产达到竣工决算后发生的借款利息，应（　　）账户。

A.借记"在建工程"　　　　　　　　　B.贷记"财务费用"

C.借记"财务费用"　　　　　　　　　D.贷记"应付利息"

5.下列有关小企业的说法中，正确的有（　　）。

A.计提短期借款利息的会计分录为借记"财务费用"账户，贷记"应付利息"账户

B.计提长期借款利息的会计分录可能为借记"在建工程"账户，贷记"应付利息"账户

C.长期借款利息可能记入的账户为借记"管理费用"账户，贷记"应付利息"账户

D.小企业借入长期借款本金，记入"长期借款"账户的贷方

6.小企业增加资本的方式有（　　）。

A.用盈余公积转增资本　　　　　　　B.用资本公积转增资本

C.接受投资者投入的实物资产　　　　D.从银行借入款项

7.小企业的所有者权益包括（　　）。

A.实收资本　　　　　　　　　　　　B.资本公积

C.盈余公积　　　　　　　　　　　　D.未分配利润

8.下列关于长期借款的说法中，正确的有（　　）。

A.长期借款是小企业向银行或其他金融机构借入的期限在1年以上（含1年）的各项借款本金

B.小企业借入长期借款时，借记"银行存款"账户，贷记"长期借款"账户

C.在应付利息日，小企业应当按照借款本金和借款合同利率计提利息费用，借记"财务费用""在建工程"等账户，贷记"应付利息"账户

D.小企业偿还长期借款本金时，借记"长期借款"账户，贷记"银行存款"账户

9.下列关于小企业用盈余公积转增资本的会计处理，不正确的有（　　）。

A.借：盈余公积

　　贷：利润分配——盈余公积补亏

B.借：盈余公积

　　贷：实收资本

C.借：利润分配——提取法定盈余公积

　　贷：盈余公积——法定盈余公积

D.借：资本公积

　　贷：盈余公积

10.下列说法正确的有（　　）。

A."实收资本"属于损益类中的收入类科目

B.小企业为了反映和监督投资者投入资本的增减变动情况，应设置"实收资本"科目

C.小企业接受投资者的实物财产时，按合同或协议约定价值确定价值（不公允的情况除外）

D.实收资本构成的比例即为小企业进行利润分配的依据，也是小企业清算时确定所有者对净资产的要求权的依据

三、判断题（正确打√，错误打×）

1.小企业短期借款在预提或实际支付时，均应通过"短期借款"账户核算。（　　）

2.小企业用资本公积转增实收资本，所有者权益总额不变。（　　）

3.小企业发生的所有借款利息都应作为财务费用处理。（　　）

4.对于小企业收到的投资方投入的实物资产，如果确认的资产价值超过其在注册资本中所占份额，其差额应作为资本溢价，计入盈余公积。（　　）

5.实收资本代表一个小企业的实力，是创办小企业的"本钱"，反映了小企业所有者投入小企业的外部资金来源。（　　）

6.小企业长期借款利息在预提或实际支付时均通过"长期借款"账户核算。（　　）

7.小企业短期借款利息的计提均通过"应付利息"账户核算。（　　）

8.投资者向小企业投入的资本，在小企业持续经营期间，除依法转让外，不得以任何形式抽回。（　　）

9.小企业增资扩股时，新加入的投资者所缴纳的出资额应全部作为实收资本。（　　）

10.小企业的实收资本一定等于注册资本。（　　）

11.小企业收到以无形资产方式投入的资本，应按评估价值入账。（　　）

12.小企业用盈余公积转增资本或弥补亏损，均不影响所有者权益总额的变化。（　　）

13.小企业的短期借款属于流动负债，长期借款属于非流动负债。（　　）

14.小企业计提短期借款利息通过"应付利息"账户核算，计提长期借款利息通过"长期借款"账户核算。（　　）

15.《小企业会计准则》规定，以非现金资产投入的资本，应按评估价值入账。（　　）

四、不定项选择题

长沙含光服饰公司于2023年3月1日向银行借入一笔生产经营用的借款240 000元，期限6个月，年利率6%，该借款按月计提利息，到期还本付息。

1.3月1日，长沙含光服饰公司的会计分录有（　　）。

A.借：短期借款　　　　　　　　　　　　　　240 000
　　贷：银行存款　　　　　　　　　　　　　　　　　240 000

B.借：长期借款　　　　　　　　　　　　　　240 000
　　贷：银行存款　　　　　　　　　　　　　　　　　240 000

C.借：短期借款　　　　　　　　　　　　　　240 000

　　借：财务费用　　　　　　　　　　　　　　　　　　　　7 200
　　　　贷：银行存款　　　　　　　　　　　　　　　　　　　　247 200
　　D.借：银行存款　　　　　　　　　　　　　　　　　　240 000
　　　　贷：短期借款　　　　　　　　　　　　　　　　　　　　240 000

2.4 月 30 日，计提利息时的会计分录有（　　　）。

A.借：财务费用 1 200　　　　　　　　B.贷：银行存款 1 200

C.借：应付利息 1 200　　　　　　　　D.贷：应付利息 1 200

3.借款到期日为（　　　）。

A.6 月 1 日　　　　　　　　　　　　B.9 月 1 日

C.10 月 1 日　　　　　　　　　　　　D.8 月 1 日

4.长沙含光服饰公司到期应支付的本利和为（　　　）元。

A.247 200　　　　　　　　　　　　　B.240 000

C.245 000　　　　　　　　　　　　　D.250 000

5.长沙含光服饰公司到期还本付息的会计分录中，借方科目有（　　　）。

A.短期借款　　　　　　　　　　　　B.应付利息

C.财务费用　　　　　　　　　　　　D.银行存款

五、计算分录题

1.假定 A、B、C 公司共同投资组成 ABC 公司（小企业），按 ABC 公司的章程规定，注册资本 900 万元，A、B、C 三方各占三分之一的股份。假定 A 公司以厂房投资，该厂房原值 500 万元，已提折旧 200 万元（同双方协议价格）；B 公司以一套价值 200 万元的新设备和一项价值 100 万元的专利权投资，其价值已被投资各方确认，并已向 ABC 公司移交专利证书等有关凭证；C 公司以货币资金 300 万元投资，已存入 ABC 公司的开户银行。（单位：万元）

　　要求：（1）编制 ABC 公司实际收到 A 公司投资时的会计分录。

　　（2）编制 ABC 公司实际收到 B 公司投资时的会计分录。

　　（3）编制 ABC 公司实际收到 C 公司投资时的会计分录。

2.假定 D 公司和 E 公司有意投资 ABC 公司，经与 A、B、C 公司协商，将 ABC 公司变更为 ABCDE 公司，注册资本增加到 1 500 万元，A、B、C、D、E 五方各占五分之一的股权。D 公司需以货币资金出资 400 万元，取得 20% 的股份；E 公司以价值 400 万元的一项土地使用权出资，其价值已被投资各方确认，取得 20% 的股份。（单位：万元）

　　要求：（1）编制实际收到 D 公司投资时的会计分录。

　　（2）编制实际收到 E 公司投资时的会计分录。

3.2023 年 1 月 1 日，长远小企业为购建固定资产从中国工商银行借入一笔款项，借款本金为 1 000 000 元，期限为 3 年，年利率为 10%。假定该小企业长期借款按年计息，一次还本，分次付息。到 2023 年年末，固定资产尚未办理竣工结算。

　　要求：编制 2023 年长远小企业取得借款、计提利息的会计分录。

4.2023 年 10 月，甲小企业和乙小企业共同出资组建 A 有限责任公司（小企业），甲小企业出资货币资金 200 万元，乙小企业出资货币资金 100 万元和一项土地使用权。该项土地使用权是乙小企业支付出让金及相关税费共计50万元后从政府取得的，试用期为40年，协议确定的价值为60万元。

要求：编制A有限责任公司接受投资的会计分录。（单位：万元）

5.2023年红光有限责任公司（小企业）在接受投资时，发生下列经济业务：

（1）接受某外商捐赠的一台需要安装的新设备，相关发票账单确认价值为100 000元，红光有限责任公司另以银行存款支付该设备的相关税费10 000元，支付安装调试费20 000元，设备安装完毕。

（2）接受甲公司专用设备一台作为投资，其账面原价为125 000元，已计提折旧50 000元，双方协议确定的价值为85 000元。

（3）收到甲公司投入的商品一批作为原材料使用，双方协定价值为70 000元，增值税为9 100元，原材料已验收入库。

要求：根据上述业务编制相关会计分录。

6.2023年10月1日，某小企业借入一笔期限为6个月的短期借款，借款本金为50 000元，年利率为6%，按月计提利息，按季支付利息，到期归还借款。

要求：（1）编制2023年10月1日借款的会计分录。

（2）编制2023年10月31日计提利息的会计分录。

（3）编制2023年12月31日支付利息的会计分录。

（4）编制2024年3月31日归还借款并支付利息的会计分录。

六、实训题

1.2023年7月1日，长沙含光服饰公司（小企业）从中国工商银行借入6个月的借款（见表6-1、表6-2）。

表6-1

(流动资金贷款) **借款收据**（入账通知）

单位编号： 借款日期：2023年7月1日 合同编号：

收款单位	名　称	长沙含光服饰公司	借款单位	名　称	中国工商银行长沙市东塘支行									
	结算户账号	1102021845672108901		贷款户账号	1102021845672130458									
	开户银行	中国工商银行长沙市中山支行		开户银行	中国工商银行长沙市东塘支行									
借款金额		人民币壹拾万元整			千	百	十	万	千	百	十	元	角	分
						¥	1	0	0	0	0	0	0	0
借款原因及用途		生产经营周转	批准借款利率		月息千分之五									

借款期限

期次	计划还款日期	√	计划还款金额
6	2023年9月30日	√	

你单位上列借款，已转入你单位结算账户内，借款到期时由我行按期自你单位结算账户转还

此致

借款单位

（银行盖章）

表6-2

中国工商银行短期借款合同　　　（合同编号）123456

签订合同单位：

中国工商银行长沙市东塘支行　　　（以下简称贷款方）

长沙含光服饰公司　　　　　　　　（以下简称借款方，章略）

长沙黄金公司　　　　　　　　　　（以下简称保证方，章略）

为明确责任，恪守承诺，特签订本合同，共同信守。

1.贷款种类：短期流动资金借款。

2.借款金额：壹拾万元整。

3.借款用途：生产经营周转。

4.借款利率：月息千分之五计息，按季收息，利随本清。如遇国家调整利率，按调整后的规定计算。

5.贷款期限：借款时间自贰零贰叁年零柒月零壹日至贰零贰叁年零玖月叁拾日止。

6.还款资金来源：产品销售收入。

7.还款方式：转账。

时间：2023年7月1日

要求：编制向银行借款的记账凭证（见表6-3，假设记账凭证已编至记字1号）。

表6-3

记 账 凭 证

年　月　日　　　　　　　　　字第　号

摘　要	总账科目	明细科目	记账√	借 方 金 额										记账√	贷 方 金 额										
				千	百	十	万	千	百	十	元	角	分		千	百	十	万	千	百	十	元	角	分
合　计																								

会计主管　　　记账　　　　出纳　　　　　审核　　　　　制单

2.长沙含光服饰公司计提2023年7月份的借款利息（见表6-4）。

表6-4　　　　　　　　**短期借款利息计提表**

单位：长沙含光服饰公司　　　　2023年7月31日

本　金	月利率	计息期限	利　息
100 000.00	0.005	1个月	500.00
合　计			¥500.00

会计主管：熊美丽　　　　　　　　制表：刘艳丽

要求：编制计提利息的记账凭证（见表6-5，假设记账凭证已编至记字56号）。

表6-5

记 账 凭 证

年　月　日　　　　　　　　　　　　　字第　　号

摘　要	总账科目	明细科目	记账√	借方金额										记账√	贷方金额									
				千	百	十	万	千	百	十	元	角	分		千	百	十	万	千	百	十	元	角	分
合　计																								

会计主管　　　　记账　　　　　　出纳　　　　　审核　　　　　制单

附件　张

3.2023年9月30日，长沙含光服饰公司根据计收利息清单向银行支付利息（见表6-6）。

表6-6

中国工商银行计收利息清单（支款通知）

2023年9月30日

户　　　名	长沙含光服饰公司			账　　　号	1102021845672130458
计息起止日期	2023年7月1日至2023年9月30日				左列存款利息已从你单位账户中国工商银行转出（长沙市东塘支行办理处
存款种类	存款账号	计息日贷款余额	计息积数	利率	计收利息金额
	一般存款账户				1 500.00

转账日期20230930
2023年9月30日 办讫章

利息金额		千	百	十	万	千	百	十	元	角	分
人民币（大写）壹仟伍佰元整					￥	1	5	0	0	0	0

要求：编制支付利息的记账凭证（见表6-7，假设记账凭证已编至记字65号）。

表6-7

记 账 凭 证

年　月　日　　　　　　　　　　　　　字第　　号

摘　要	总账科目	明细科目	记账√	借方金额										记账√	贷方金额									
				千	百	十	万	千	百	十	元	角	分		千	百	十	万	千	百	十	元	角	分
合　计																								

会计主管　　　　记账　　　　　　出纳　　　　　审核　　　　　制单

附件　张

4.长沙含光服饰公司向借款银行归还借款（见表6-8）。

表6-8

中国工商银行还款回单清单

2023 年 12 月 31 日

户　　　　　名	长沙含光服饰公司				账　　　号		1102021845672130458
计息起止日期	2023 年 10 月 1 日至 2023 年 12 月 31 日						左列存款本息已从你单位 账户扣收转出
存款种类	存款账号	计息日贷款余额	计息积数	利率	计收利息金额		中国工商银行 长沙市东塘支行乐坤处支行 （章） 20231231 转账日期 2023 年 12 月 31 日
	本金	100 000.00					
	利息				1 500.00		

本息金额合计 人民币（大写）壹拾万零壹仟伍佰元整	千	百	十	万	千	百	十	元	角	分
		¥	1	0	1	5	0	0	0	0

要求：编制向银行归还本金和一个季度借款利息的记账凭证（见表6-9，假设记账凭证已编至记字88号）。

表6-9

记　账　凭　证

年　　月　　日　　　　　　　　　　字第　　号

摘　要	总账科目	明细科目	记账√	借　方　金　额										记账√	贷　方　金　额										
				千	百	十	万	千	百	十	元	角	分		千	百	十	万	千	百	十	元	角	分
合　计																								

会计主管　　　　　记账　　　　　出纳　　　　　审核　　　　　制单

附件　　　张

项目七 财务报表

1. 小企业资产负债表是根据（   ）会计等式设计的。

A.资产=负债+所有者权益　　　　　　　B.资产=负债-所有者权益

C.利润=收入-费用　　　　　　　　　　D.资产=所有者权益+收入-费用

2. 小企业资产负债表中，不能直接根据总账科目期末余额填列的项目是（   ）。

A.资本公积　　　　　　　　　　　　　B.长期借款

C.短期借款　　　　　　　　　　　　　D.应交税费

3. 小企业填列资产负债表中"货币资金"项目时，不需要考虑的账户是（   ）。

A.库存现金　　　　　　　　　　　　　B.银行存款

C.其他货币资金　　　　　　　　　　　D.短期借款

4. 下列不属于小企业资产负债表中所有者权益项目的是（   ）。

A.实收资本　　　　　　　　　　　　　B.资本公积

C.盈余公积　　　　　　　　　　　　　D.投资收益

5. 下列不属于小企业利润表中项目内容的是（   ）。

A.营业收入　　　　　　　　　　　　　B.营业成本

C.营业外收入　　　　　　　　　　　　D.未分配利润

6. 小企业资产负债表中"期末余额"栏各项数字，应根据有关账户的（   ）填列。

A.年初余额　　　　　　　　　　　　　B.期末余额

C.本期借方发生额　　　　　　　　　　D.本期贷方发生额

7. 小企业利润表中各项目，主要根据（   ）账户的发生额分析填列。

A.资产类　　　　　　　　　　　　　　B.负债类

C.所有者权益类　　　　　　　　　　　D.损益类

8. 小企业资产负债表是反映小企业在某一特定日期（   ）的会计报表。

A.财务状况　　　　　　　　　　　　　B.经营成果

C.现金流量　　　　　　　　　　　　　D.利得损失

9. 下列小企业资产负债表项目，可直接根据有关总账科目余额填列的是（   ）。

A.固定资产账面价值　　　　　　　　　B.短期投资

C.未分配利润　　　　　　　　　　　　D.存货

10. 小企业利润表中的净利润是利润总额减去（   ）后的余额。

A.增值税　　　　　　　　　　　　　　B.税金及附加

C.应交税费　　　　　　　　　　　　　D.所得税费用

11. 小企业资产负债表中"应收账款"科目期末为贷方余额时，应在（   ）项目列示。

A. "应收账款"　　　　　　　　　　　　B. "预收账款"

C. "应付账款"　　　　　　　　　　　　D. "其他应付款"

12.小企业资产负债表中需要根据有关科目余额减去其备抵科目余额后的净额填列的项目是（　　　）。

A.应收账款　　　　　　　　　　　　　B.固定资产账面价值

C.短期借款　　　　　　　　　　　　　D.应付职工薪酬

13.小企业资产负债表中资产项目，是按资产的（　　　）排列的。

A.流动性　　　　　　　　　　　　　　B.固定性

C.重要性　　　　　　　　　　　　　　D.清偿时间

14.下列各项中，对小企业利润表中"营业利润"项目有影响的是（　　　）。

A.销售费用　　　　　　　　　　　　　B.营业外收入

C.营业外支出　　　　　　　　　　　　D.所得税费用

15.下列各项中，不应在小企业资产负债表中"货币资金"项目反映的是（　　　）。

A.信用卡存款　　　　　　　　　　　　B.银行存款

C.其他应收款　　　　　　　　　　　　D.银行汇票存款

16.下列项目中，应列入小企业利润表中"管理费用"项目的是（　　　）。

A.计提的坏账准备　　　　　　　　　　B.出租的无形资产摊销额

C.处置固定资产净损失　　　　　　　　D.支付给中介机构的咨询费

17.我国小企业利润表采用的格式是（　　　）。

A.单步式　　　　　　　　　　　　　　B.多步式

C.账户式　　　　　　　　　　　　　　D.报表式

18.下列各项中，不应在小企业利润表中"营业收入"项目列示的是（　　　）。

A.转让股票收入　　　　　　　　　　　B.商品销售收入

C.材料销售收入　　　　　　　　　　　D.固定资产出租收入

19.下列项目中，不应在小企业资产负债表中"存货"项目反映的是（　　　）。

A.生产成本　　　　　　　　　　　　　B.周转材料

C.工程物资　　　　　　　　　　　　　D.库存商品

20.下列项目中，对小企业利润总额不会产生影响的是（　　　）。

A.营业利润　　　　　　　　　　　　　B.投资净收益

C.所得税费用　　　　　　　　　　　　D.营业外收支净额

21.某小企业当年利润表中，营业利润12 800元，营业外收入14 000元，营业外支出10 000元，所得税费用4 950元，则该小企业当年利润表中的净利润为（　　　）元。

A.11 850　　　　　　　　　　　　　　B.16 800

C.29 850　　　　　　　　　　　　　　D.34 800

22.下列不属于小企业资产负债表中"货币资金"项目填制内容的是（　　　）。

A.银行存款　　　　　　　　　　　　　B.其他货币资金

C.商业承兑汇票　　　　　　　　　　　D.库存现金

23.下列经济业务不会影响小企业营业利润的是（　　　）。

A.材料销售收入　　　　　　　　　　　B.取得政府补助收入

C.计提教育费附加　　　　　　　　D.取得出租固定资产收入

24.下列小企业资产负债表项目的期末数，可根据若干总账期末余额汇总填列的是（　　）。

A.无形资产　　　　　　　　　　　B.长期借款

C.实收资本　　　　　　　　　　　D.货币资金

25.某小企业"应收账款"账户期末借方余额，应在资产负债表中（　　）项目列示。

A."应收账款"　　　　　　　　　　B."预收账款"

C."应收票据"　　　　　　　　　　D."应付账款"

26.小企业支付的税收滞纳金，应当记入的账户是（　　）。

A.税金及附加　　　　　　　　　　B.营业外支出

C.其他业务成本　　　　　　　　　D.财务费用

27.小企业期末"应付账款"账户为借方余额的，应在资产负债表中（　　）项目列示。

A."应收账款"　　　　　　　　　　B."预收账款"

C."应收票据"　　　　　　　　　　D."预付账款"

28.按照《小企业会计准则》的规定，"应收账款"账户的明细账中若有贷方余额，应将其记入资产负债表中（　　）项目。

A."应收票据"　　　　　　　　　　B."预收账款"

C."应付账款"　　　　　　　　　　D."其他应付款"

29.某小企业2023年12月31日"无形资产"账户余额为500万元，"累计摊销"账户余额为200万元。该小企业2023年12月31日资产负债表中"无形资产"项目的金额为（　　）万元。

A.500　　　　　　　　　　　　　B.300

C.400　　　　　　　　　　　　　D.200

30.某小企业2023年12月31日"固定资产"账户余额为400万元，"累计折旧"账户余额为50万元。该小企业2023年12月31日资产负债表中"固定资产账面价值"项目的金额为（　　）万元。

A.400　　　　　　　　　　　　　B.50

C.350　　　　　　　　　　　　　D.300

二、多项选择题

1.小企业财务报表的编制要求有（　　）。

A.真实可靠　　　　　　　　　　　B.全面完整

C.编报及时　　　　　　　　　　　D.便于理解

2.下列属于小企业财务报表组成部分的有（　　）。

A.资产负债表　　　　　　　　　　B.利润表

C.所有者权益变动表　　　　　　　D.现金流量表

3.小企业利润表的填制应根据（　　）账户填列。

A."库存现金"　　　　　　　　　　B."管理费用"

C. "投资收益"　　　　　　　　　　　D. "应付账款"

4.下列属于小企业"营业外收入"项目的有（　　　）。

A.存货的盘盈　　　　　　　　　　　B.已作坏账损失处理后又收回的应收款项

C.出租包装物的租金收入　　　　　　D.汇兑收益

5.小企业资产负债表中的非流动资产项目包括（　　　）。

A.货币资金　　　　　　　　　　　　B.固定资产原价

C.在建工程　　　　　　　　　　　　D.固定资产清理

6.小企业资产负债表中的非流动负债项目包括（　　　）。

A.长期借款　　　　　　　　　　　　B.长期应付款

C.实收资本　　　　　　　　　　　　D.应交税费

7.下列属于小企业利润表项目内容的有（　　　）。

A.营业收入　　　　　　　　　　　　B.利润总额

C.所有者权益总额　　　　　　　　　D.净利润

8.下列各项中，应在小企业资产负债表中"货币资金"项目反映的有（　　　）。

A.外埠存款　　　　　　　　　　　　B.商业承兑汇票

C.银行承兑汇票　　　　　　　　　　D.信用卡存款

9.小企业资产负债表中"存货"项目的金额，可以根据（　　　）账户的余额分析填列。

A. "在途物资"　　　　　　　　　　B. "生产成本"

C. "材料采购"　　　　　　　　　　D. "材料成本差异"

10.下列各项中，影响小企业利润表中"营业利润"项目的业务有（　　　）。

A.商品销售收入　　　　　　　　　　B.原材料销售成本

C.出售固定资产净损失　　　　　　　D.对外投资损失

11.小企业利润表中"税金及附加"项目包括的内容有（　　　）。

A.增值税　　　　　　　　　　　　　B.消费税

C.城市维护建设税和教育费附加　　　D.资源税

12.财务会计报告是指小企业对外提供的反映小企业（　　　）等会计信息的文件。

A.某一特定日期的财务状况　　　　　B.某一特定日期的现金流量

C.某一会计期间的经营成果　　　　　D.某一会计期间的财务状况

13.小企业资产负债表中的所有者权益，按净资产的不同来源和特定用途可分为（　　　）。

A.实收资本　　　　　　　　　　　　B.资本公积

C.盈余公积　　　　　　　　　　　　D.未分配利润

14.下列各项中，对小企业利润表中"营业利润"产生影响的账户有（　　　）。

A.管理费用　　　　　　　　　　　　B.税金及附加

C.营业外支出　　　　　　　　　　　D.所得税费用

15.下列项目中，可以根据其总账科目余额直接在小企业资产负债表中填列的有（　　　）。

A.应收票据　　　　　　　　　　　　B.固定资产账面价值

C.累计折旧　　　　　　　　　　　　D.短期借款

16.下列各项中，属于小企业资产负债表中流动负债项目的有（　　　）。

A.短期借款　　　　　　　　　　B.预付账款

C.应付利息　　　　　　　　　　D.预收账款

17.填列小企业资产负债表中"固定资产账面价值"项目时，需要考虑的会计科目有（　　　）。

A.固定资产　　　　　　　　　　B.累计折旧

C.在建工程　　　　　　　　　　D.固定资产清理

18.我国小企业利润表采用多步式，其分步计算的利润指标有（　　　）。

A.资产总额　　　　　　　　　　B.营业利润

C.利润总额　　　　　　　　　　D.净利润

19.下列项目中，影响小企业当期利润表中"利润总额"项目的有（　　　）。

A.固定资产盘盈　　　　　　　　B.确认所得税费用

C.对外捐赠固定资产　　　　　　D.无形资产出售利得

20.下列各项中，属于小企业资产负债表中应根据有关账户余额减去其备抵账户余额后的净额填列的有（　　　）。

A.存货　　　　　　　　　　　　B.无形资产

C.固定资产　　　　　　　　　　D.长期股权投资

21.下列应计入小企业其他业务成本的有（　　　）。

A.销售材料成本　　　　　　　　B.出租的固定资产计提折旧

C.收取包装物押金　　　　　　　D.转让无形资产的损失

22.关于小企业财务报表，下列等式正确的有（　　　）。

A.资产总计=流动资产合计+非流动资产合计

B.负债合计=流动负债合计+非流动负债合计

C.利润总额=营业利润+营业外收入−营业外支出

D.净利润=利润总额−所得税费用

23.下列各项中，对小企业资产负债表作用的描述正确的有（　　　）。

A.通过编制资产负债表可以反映小企业资产的构成及其状况

B.通过编制资产负债表可以分析小企业的偿债能力

C.通过编制资产负债表可以分析小企业的获利能力

D.通过编制资产负债表可以反映小企业所有者权益的情况

24.下列各项中，属于小企业资产负债表中流动资产项目的有（　　　）。

A.预付账款　　　　　　　　　　B.应收票据

C.预收账款　　　　　　　　　　D.存货

三、判断题（正确打√，错误打×）

1.我国小企业的资产负债表采用账户式格式，利润表采用多步式格式。（　　　）

2.小企业资产负债表左方为资产项目，按资产的流动性由大到小排列顺序。（　　　）

3.小企业未弥补的亏损，应在资产负债表中"未分配利润"项目内以"−"号填列。（　　　）

4.小企业利润表中"营业收入"项目包括主营业务收入和其他业务收入。　（　　）

5.小企业资产负债表右方为负债和所有者权益项目，一般先排列所有者权益项目。　（　　）

6.填列小企业资产负债表时，"长期借款"所属明细科目中将于一年内到期的长期借款，应填列在"短期借款"项目中。　（　　）

7.通过利润表可以反映小企业月末、季末、年末的财务状况和现金流量。　（　　）

8.小企业利润表中"营业利润"项目就是营业收入减去营业成本后的余额。　（　　）

9."应付职工薪酬"项目可以根据其总账科目的期末余额直接填列在小企业资产负债表中。　（　　）

10.小企业发生的亏损，在资产负债表中通过"长期待摊费用"项目反映。　（　　）

11.小企业资产负债表中"固定资产账面价值"项目，应根据"固定资产"账户的期末余额减去"累计折旧"账户的期末余额后的金额填列。　（　　）

12.小企业资产负债表中"应收账款"项目，可以按"应收账款"账户的期末借方余额填列，如余额在贷方，则应当在"预收账款"项目列示。　（　　）

13.小企业资产负债表中"未分配利润"项目，应根据"本年利润"科目的期末余额直接填列。　（　　）

14.通过利润表可以从总体上了解小企业收入和费用及净利润的实现及其构成情况。　（　　）

15.利润表中"投资收益"项目，仅反映小企业取得的投资收益，而不反映投资损失。　（　　）

16.小企业资产负债表"年初余额"栏内各项数字，应根据上年年末资产负债表"期末余额"栏内所列数字填列。　（　　）

17.将于一年内到期的非流动负债，应当在小企业资产负债表流动负债中"其他流动负债"项目列示。　（　　）

18.小企业资产负债表应根据有关账户的本期发生额填列，利润表应根据有关账户的期末余额填列。　（　　）

19.小企业利润表中"营业成本"项目，应根据"主营业务成本"和"其他业务成本"账户的发生额合计填列。　（　　）

20.小企业资产负债表中所有者权益各项目自上而下的排列顺序是：实收资本、资本公积、盈余公积、未分配利润。　（　　）

21.小企业利润表中"税金及附加"项目包括小企业缴纳的各种税费。　（　　）

22.小企业资产负债表中"长期待摊费用"项目，应根据"长期待摊费用"账户期末余额分析填列。　（　　）

23.如果"固定资产清理"账户出现借方余额，应在小企业资产负债表"固定资产清理"项目中以负数填列。　（　　）

24.小企业资产负债表中"开发支出"项目，应根据"研发支出"账户期末余额填列。　（　　）

25.编制小企业资产负债表时，"长期借款"项目应根据"长期借款"账户期末余额减去一年内到期的借款后的余额填列。　（　　）

四、计算分录题

1.某小企业2023年10月31日有关账户的余额如下（见表7-1）：

表7-1 账户余额表 单位：元

资　产	借方余额	负债和所有者权益	贷方余额
库存现金	800	短期借款	41 000
银行存款	26 000	应付账款	8 000
应收账款	35 000	应交税费	7 000
原材料	22 000	长期借款	26 000
库存商品	28 000	实收资本	255 000
固定资产	200 000	盈余公积	9 800
在建工程	40 000	本年利润	5 000
合　计	351 800	合　计	351 800

要求：（1）计算该小企业的货币资金、存货、流动资产、非流动资产、资产总额。

（2）计算该小企业的流动负债、非流动负债、负债总额、所有者权益总额。

2.长沙兴明公司（小企业、增值税一般纳税人）适用13%的增值税税率，售价中不含增值税，商品销售同时结转销售成本，本年利润采用表结法结转。2023年11月30日损益类有关科目的余额如下（见表7-2）：

表7-2 损益类科目余额表 单位：万元

科目名称	借方余额	科目名称	贷方余额
主营业务成本	1 080	主营业务收入	1 780
税金及附加	20	其他业务收入	50
其他业务成本	30	投资收益	40
销售费用	80	营业外收入	30
管理费用	210		
财务费用	20		
营业外支出	17		

2023年12月份长沙兴明公司发生如下经济业务：

（1）销售商品一批，增值税专用发票上注明售价270万元，增值税35.1万元，款项尚未收到，该批商品的实际成本为189万元。

（2）本月发生应付职工薪酬150万元，其中，经营及销售人员工资110万元，管理人员工资40万元。

（3）本月收到营业外收入7万元，存入银行。

（4）本月计提管理用固定资产折旧20万元。

（5）本月主营业务的应交城市维护建设税5万元，应交教育费附加0.5万元。

（6）假定适用的企业所得税税率为20%，根据本年利润总额计提应缴纳的所得税。（单位：万元）

要求：①编制长沙兴明公司2023年12月份相关业务的会计分录。

②计算长沙兴明公司本年累计的营业收入、营业成本、营业利润、利润总额及净利润。

3.某小企业2023年年初未分配利润为30万元，盈余公积为10万元，本年利润总额为200万元，企业所得税税率为25%，本年不存在纳税调整事项，按10%提取法定盈余公积，向投资者分配利润80万元。（单位：万元）

要求：（1）编制计提、结转、缴纳所得税的会计分录。

（2）计算净利润，并编制提取法定盈余公积、向投资者分配利润的会计分录。

（3）编制将本年利润结转至利润分配的会计分录。

（4）计算年末盈余公积、未分配利润和留存收益。

4.某小企业2022年年末"利润分配"账户的贷方余额为5万元，2023年实现的利润总额为100万元，企业所得税税率为25%。（单位：万元）

要求：（1）计算并结转2023年实现的净利润。

（2）编制按本年净利润的10%和15%提取法定盈余公积和任意盈余公积的会计分录。

（3）编制向投资者分配并支付现金股利20万元的会计分录。

（4）计算2023年年末资产负债表中"未分配利润"项目的金额。

五、实训题

1.长沙含光服饰公司（小企业）2023年1月31日有关总账科目余额见表7-3。

表7-3　　　　　　　　　　　　　　总账科目余额表　　　　　　　　　　　　　单位：元

科目名称	借方余额	科目名称	贷方余额
库存现金	1 050	短期借款	50 000
银行存款	388 018	应付票据	25 000
其他货币资金	11 900	应付利息	3 250
短期投资	33 000	累计折旧	115 000
应收账款	300 000	应付账款	476 900
应收利息	2 500	应付职工薪酬	190 000
其他应收款	50 000	应交税费	51 391
在途物资	137 500	其他应付款	25 000
原材料	125 000	长期借款	80 000
库存商品	603 700	实收资本	2 400 000
周转材料	19 025	资本公积	16 108
生产成本	45 000	盈余公积	62 385
固定资产	1 575 500	利润分配	70 359
在建工程	289 000	本年利润	25 000
长期待摊费用	9 200		
合　计	3 590 393	合　计	3 590 393

长沙含光服饰公司其他有关资料如下：

（1）"长期待摊费用"科目余额9 200元，全部将在6个月内摊销。

（2）"长期借款"科目余额80 000元，其中的30 000元将在9个月内到期。

要求：根据上述资料编制长沙含光服饰公司2023年1月31日的资产负债表（仅填期末余额，见表7-4）。

表7-4

资产负债表（简表）

编制单位：   年   月   日   单位：元

资 产	期末余额	年初余额	负债和所有者权益	期末余额	年初余额
流动资产：		（略）	流动负债：		（略）
货币资金			短期借款		
短期投资			应付票据		
应收票据			应付账款		
应收账款			预收账款		
预付账款			应付职工薪酬		
应收股利			应交税费		
应收利息			应付利息		
其他应收款			应付利润		
存货			其他应付款		
其中：原材料			其他流动负债		
在产品			流动负债合计		
库存商品			非流动负债：		
周转材料			长期借款		
其他流动资产			长期应付款		
流动资产合计			递延收益		
非流动资产：			其他非流动负债		
债权投资			非流动负债合计		
长期股权投资			负债合计		
固定资产原价					
减：累计折旧					
固定资产账面价值					
在建工程					
工程物资					
固定资产清理					
生产性生物资产			所有者权益：		
无形资产			实收资本		
开发支出			资本公积		
长期待摊费用			盈余公积		
其他非流动资产			未分配利润		
非流动资产合计			所有者权益合计		
资产总计			负债和所有者权益总计		

2.长沙含光服饰公司（小企业、增值税一般纳税人）2023年度发生经济业务如下：

（1）销售商品一批，价款980 000元，增值税127 400元，商品已发出，款项收到并存入银行。

（2）结转销售该批商品的成本为695 800元。

（3）购买生产用不需安装的固定资产430 000元，增值税55 900元，款项已付。

（4）分配工资费用，其中，经营及销售人员工资21 000元，行政管理人员工资12 000元，同时按15%计提社会保险费。

（5）销售不需用的周转材料一批，售价金额30 000元，增值税3 900元，款项尚未收到，同时结转该批材料的实际成本28 000元。

（6）出售不需用设备一台，账面原价250 000元，已提折旧200 000元，实际售价40 000元，增值税5 200元，已收到款项并存入银行。

（7）盘亏一台设备，账面原价80 000元，已提折旧70 000元，经批准核销。

（8）计提销售部门固定资产折旧80 000元，行政管理部门固定资产折旧90 000元。

（9）以银行存款支付销售费用12 000元，短期借款利息费用5 000元（原未预提），管理费用20 000元。

（10）转让出售持有的一项短期股票投资，账面余额120 000元，实际收款158 000元，存入银行。

（11）计提小企业经营活动发生的城市维护建设税7 000元和教育费附加3 000元。

（12）计算并确定本年应缴纳的所得税，企业所得税税率为25%，按利润总额计算，假定不存在纳税调整事项。

（13）将本年损益类账户发生额，结转到"本年利润"账户。

（14）将"本年利润"账户余额，结转到"利润分配"账户。

要求：①编制长沙含光服饰公司2023年度经济业务的记账凭证（以会计分录代替）。

②根据本年损益类科目发生额编制利润表（见表7-5）。

表7-5　　　　　　　　　　　　　　　利润表（简表）

编制单位：　　　　　　　　　　　　年度　　　　　　　　　　　　　　　单位：元

项　　目	行次	本期金额	上期金额
一、营业收入	1		（略）
减：营业成本	2		
税金及附加	3		
其中：消费税	4		
城市维护建设税	5		
资源税	6		
城镇土地使用税、房产税、车船税、印花税	7		
教育费附加、矿产资源补偿费、排污费	8		
销售费用	9		
其中：商品维修费	10		
广告费和业务宣传费	11		
管理费用	12		

续表

项　　目	行次	本期金额	上期金额
其中：开办费	13		（略）
业务招待费	14		
研发费用	15		
财务费用	16		
其中：利息费用（收入以"–"号填列）	17		
加：公允价值变动收益（损失以"–"号填列）	18		
投资收益（损失以"–"号填列）	19		
其中：对联营企业和合营企业的投资收益	20		
资产减值损失（损失以"–"号填列）	21		
资产处置收益（损失以"–"号填列）	22		
其他收益	23		
二、营业利润（亏损以"–"号填列）	24		
加：营业外收入	25		
减：营业外支出	26		
三、利润总额（亏损总额以"–"号填列）	27		
减：所得税费用	28		
四、净利润（净亏损以"–"号填列）	29		

综合模拟题 1

一、单项选择题

1.下列项目中，不应计入小企业短期投资取得成本的是（　　）。

A.实际支付价款中包含的股利　　　　B.支付时的公允价值

C.支付的手续费　　　　　　　　　　D.支付的相关税费

2.长沙含光服饰公司（小企业）为增值税一般纳税人，该小企业购入甲材料600千克，每千克价格50元，实际支付增值税3 900元，发生运杂费2 000元，运输途中发生合理损耗10千克，入库前发生挑选整理费用200元。该批甲材料的入账价值为（　　）元。

A.30 000　　　　　　　　　　　　　B.31 700

C.32 200　　　　　　　　　　　　　D.36 100

3.某小企业因暴雨毁损库存材料一批，该批原材料实际成本20 000元，收回残料价值800元，保险公司赔偿16 000元。该小企业购入材料的增值税税率为13%，则该批毁损材料造成的净损失为（　　）元。

A.5 800　　　　　　　　　　　　　B.3 712

C.6 600　　　　　　　　　　　　　D.3 200

4.某小企业于2023年1月1日购入B公司5%的股份20 000股，该小企业支付买价200 000元，另支付相关税费2 000元，准备长期持有，该小企业对B公司不具有重大影响。B公司2023年4月20日宣告分派2022年度的现金股利1 000 000元。2023年4月20日，该小企业确认应收股利后长期股权投资的账面价值为（　　）元。

A.202 000　　　　　　　　　　　　B.172 000

C.162 000　　　　　　　　　　　　D.152 000

5.下列各项中，符合小企业会计要素收入定义的是（　　）。

A.出售商品的收入　　　　　　　　　B.转让无形资产净收益

C.出售固定资产净收益　　　　　　　D.向购货方收取的增值税销项税额

6.小企业转让无形资产发生的净损失，应计入（　　）。

A.其他业务成本　　　　　　　　　　B.营业外支出

C.销售费用　　　　　　　　　　　　D.管理费用

7.某小企业为增值税一般纳税人，2023年实际已缴纳的税金情况如下：增值税850万元，消费税150万元，城市维护建设税70万元，车船税0.5万元，企业所得税120万元。上述各项税金应记入"应交税费"科目借方的金额是（　　）万元。

A.1 190　　　　　　　　　　　　　B.1 190.5

C.1 191.5　　　　　　　　　　　　D.1 192

8.下列各项中，应通过小企业"其他应付款"科目核算的是（　　）。

A.应付现金股利　　　　　　　　　　B.应交教育费附加

C.应付租入包装物租金　　　　　　　　　D.应付管理人员工资

9.小企业对外销售的应税矿产品应缴纳的资源税，应计入（　　）。

A.制造费用　　　　　　　　　　　　　　B.生产成本

C.主营业务成本　　　　　　　　　　　　D.税金及附加

10.甲公司（小企业、增值税一般纳税人）适用的增值税税率为13%。2023年5月1日，甲公司向乙公司销售一批商品，按价目表上标明的价格计算，其不含增值税的售价总额为20 000元。因属批量销售，甲公司同意给予乙公司10%的商业折扣；同时，为鼓励乙公司及早付清货款，甲公司规定的现金折扣条件（按含增值税的售价计算）为"2/10,1/20，N/30"。假定甲公司于2023年5月8日收到该笔销售价款（含增值税），则实际收到的价款为（　　）元。

A.19 933.2　　　　　　　　　　　　　　B.20 136.6

C.22 148　　　　　　　　　　　　　　　D.20 340

11.某小企业原材料采用计划成本核算，甲材料计划成本为15元，本月购进甲材料9 000千克，取得的增值税专用发票上注明价款为153 000元，增值税为19 890元，原材料已验收入库。该小企业购进甲材料发生的成本超支差为（　　）元。

A.17 000　　　　　　　　　　　　　　　B.18 000

C.19 000　　　　　　　　　　　　　　　D.20 000

12.下列交易或事项中，不应确认为营业外支出的是（　　）。

A.公益性捐赠支出　　　　　　　　　　　B.固定资产出售净损失

C.固定资产盘亏净损失　　　　　　　　　D.广告费支出

13.某小企业2023年5月主营业务收入为200万元，主营业务成本为150万元，管理费用为8万元，投资收益为5万元，营业外收入6万元，营业外支出2万元。假定不考虑其他因素，该小企业当月的营业利润为（　　）万元。

A.53　　　　　　　　　　　　　　　　　B.45

C.47　　　　　　　　　　　　　　　　　D.51

14.某小企业2023年5月发生的费用有：计提车间用固定资产折旧10万元，发生车间管理人员工资40万元，支付广告费用30万元，预提短期借款利息20万元，支付行政管理部门固定资产修理费用10万元。该小企业当月的期间费用总额为（　　）万元。

A.50　　　　　　　　　　　　　　　　　B.60

C.100　　　　　　　　　　　　　　　　　D.110

15.某小企业年初所有者权益总额160万元，当年以其中的资本公积转增资本50万元。当年实现净利润300万元，提取盈余公积30万元，向投资者分配利润20万元。该小企业年末所有者权益总额为（　　）万元。

A.360　　　　　　　　　　　　　　　　　B.410

C.440　　　　　　　　　　　　　　　　　D.460

16.小企业利润表中"税金及附加"项目反映的是（　　）。

A.个人所得税　　　　　　　　　　　　　B.城市维护建设税

C.企业所得税　　　　　　　　　　　　　D.增值税

17.小企业因出售、报废、毁损、对外投资等原因转入清理的固定资产净值，应记入

（   ）账户。

A．"管理费用"   B．"营业外支出"

C．"固定资产清理"   D．"待处理财产损溢"

18．小企业清理报废固定资产人员的工资，应记入（   ）账户。

A．"管理费用"   B．"制造费用"

C．"营业外支出"   D．"固定资产清理"

19．下列不属于小企业对外报送的财务报表组成部分的是（   ）。

A．资产负债表   B．利润表

C．所有者权益变动表   D．制造费用分配表

20．下列项目中，不属于小企业资产负债表中流动负债项目的是（   ）。

A．短期借款   B．预付账款

C．应付利息   D．预收账款

二、多项选择题

1．下列各项中，小企业能够确认为资产的有（   ）。

A．租赁方式租出的设备   B．筹建期间发生的开办费

C．已收到发票但尚未到达小企业的原材料 D．盘亏的存货

2．小企业因销售商品发生的应收账款，其入账价值应当包括（   ）。

A．销售商品的价款   B．增值税销项税额

C．代购货方垫付的包装费和运杂费   D．因签订销售合同支付的印花税

3．下列项目中，应计入存货成本的有（   ）。

A．商品流通小企业在采购商品过程中发生的保险费

B．非正常消耗的直接材料

C．生产过程中为达到下一个生产阶段所必需的费用

D．存货的加工成本

4．投资者可以用（   ）向企业投资。

A．货币资金   B．固定资产

C．因经营需要租赁的资产   D．无形资产

5．下列各项中，小企业需要设置的会计科目有（   ）。

A．短期投资   B．预付账款

C．坏账准备   D．累计摊销

6．下列各项中，应当填制在小企业利润表中"营业收入"项目的有（   ）。

A．主营业务收入   B．营业外收入

C．其他业务收入   D．投资收益

7．关于小企业的固定资产，下列说法不正确的有（   ）。

A．购置的不需要经过建造过程即可使用的机器设备按实际支付的买价、包装费、运输费、缴纳除增值税以外的有关税金等，作为入账价值

B．自行建造的固定资产，按建造该项资产达到竣工决算前所发生的必要支出，作为入

账价值

C.投资者投入的固定资产，按投资方原账面价值作为入账价值

D.如果有迹象表明以前期间据以计提固定资产减值的各种因素发生变化，使得固定资产的可收回金额大于其账面价值，则以前期间已计提的减值损失应当转回，但转回的金额不应超过原已计提的固定资产减值准备

8.下列项目中，属于小企业职工薪酬的有（　　　）。

A.职工工资　　　　　　　　　　B.非货币性福利

C.基本养老保险　　　　　　　　D.因解除与职工劳动关系给予的补偿

9.下列各项能够引起小企业负债项目发生变动的有（　　　）。

A.用盈余公积弥补亏损　　　　　B.宣告分配现金股利

C.支付现金股利　　　　　　　　D.提取任意盈余公积

10.下列各项中，不能同时引起小企业资产和所有者权益发生增减变化的有（　　　）。

A.实际支付分配的利润　　　　　B.接受现金捐赠

C.用盈余公积弥补亏损　　　　　D.接受投资者投入资本

11.下列项目中，构成小企业（增值税一般纳税人）外购原材料实际成本的有（　　　）。

A.支付的买价　　　　　　　　　B.入库后的挑选整理费

C.运输途中的保险费　　　　　　D.材料的增值税

12.下列项目中，可以构成小企业长期股权投资成本的有（　　　）。

A.购买股票的价款

B.购买股票时支付的相关税费

C.实际支付的价款中包含已宣告但尚未发放的现金股利

D.咨询费

13.小企业结转固定资产清理净损益时，可能涉及的会计科目有（　　　）。

A.管理费用　　　　　　　　　　B.营业外收入

C.营业外支出　　　　　　　　　D.长期待摊费用

14.下列会计科目中，小企业在编制资产负债表时应列入"存货"项目的有（　　　）。

A.材料采购　　　　　　　　　　B.无形资产

C.委托加工物资　　　　　　　　D.工程物资

15.关于小企业长期股权投资的核算，下列说法正确的有（　　　）。

A.长期股权投资应当按照成本进行计量

B.取得长期股权投资，实际支付的购买价款中包含已宣告但尚未发放的现金股利，计入应收股利

C.采用成本法进行会计处理

D.取得长期股权投资实际支付的相关税费，计入投资收益

三、判断题（正确打√，错误打×）

1.小企业随同产品出售不单独计价的包装物，应于包装物发出时作为包装费用，计入其他业务成本。　　　　　　　　　　　　　　　　　　　　　　　　　（　　　）

2.小企业对固定资产进行更新改造时，应当将该固定资产账面价值转入在建工程，并将被替换部件的变价收入冲减在建工程。 （　　）

3.投资小企业采用权益法核算被投资单位提取法定盈余公积时，投资小企业应按持股比例调减长期股权投资。 （　　）

4.小企业按总价法核算存在现金折扣的交易，其实际发生的现金折扣作为当期的财务费用。 （　　）

5.收入能够导致小企业所有者权益增加，但导致所有者权益增加的不一定都是收入。 （　　）

6.对于先征后返的增值税，小企业应在实际收到时确认为营业外收入。 （　　）

7.小企业在采用完工百分比法确认劳务收入时，其本年相关的销售成本应以实际发生的全部成本确认。 （　　）

8.应付职工薪酬可以根据其总账科目的期末余额直接填列在资产负债表中。 （　　）

9.小企业发生的亏损，在资产负债表中通过"长期待摊费用"项目反映。 （　　）

10.小企业资产负债表中"固定资产账面价值"项目，应根据"固定资产"账户的期末余额减去"累计折旧"账户的期末余额后的金额填列。 （　　）

四、计算分录题

1.2023年1月2日，长沙朝霞公司的董事会批准研发某项新型技术。2023年1月31日，该新型技术研发成功，达到预定用途。研发过程中发生的直接相关的必要支出情况如下：发生材料费用9 000 000元，发生人工费用4 500 000元，计提专用设备折旧750 000元，以银行存款支付其他费用3 000 000元，总计17 250 000元，其中符合资本化支出的有750 000元。

要求：根据上述资料进行与无形资产研发相关的账务处理。

2.长沙星星公司于2023年1月1日开始建造仓库，发生的经济业务如下：

（1）1月5日，购入工程物资，价款为500 000元，进项税额为65 000元，以银行存款支付。

（2）1月6日，工程领用工程物资565 000元（含增值税进项税额）。

（3）2月5日，领用生产用原材料一批，计划成本为30 000元，材料成本差异率为-2%，增值税税率为13%。

（4）3月2日，领用自产的产品一批，成本为60 000元，计税价格为80 000元，增值税税率为13%。

（5）工程建设期间，用银行存款支付水电费44 000元，增值税5 720元。

（6）工程建设期间，发生工程人员职工薪酬175 000元。

（7）6月30日，仓库完工并办理竣工决算，该仓库预计使用20年，预计净残值为5 440元，采用年限平均法计提折旧。

要求：①根据上述业务编制相关会计分录。

②计算该仓库7月份的折旧额并编制计提折旧的会计分录。

3.2023年9月9日，长沙运达公司委托长沙白沙公司（均为小企业）销售商品300件，指定销售价格为800元，该商品成本为480元，增值税税率为13%。代销合同规定，长沙白沙公司仍按每件800元的价格出售给顾客，长沙运达公司按不含增值税售价的20%支付长沙白沙公司手续费。长沙白沙公司实际销售300件，开具的增值税专用发票上注明销售价款为240 000元，增值税为31 200元，款项已收到。长沙运达公司在收到长沙白沙公司交来的代销清单时，向长沙白沙公司开具一张相同金额的增值税专用发票。

要求：（1）编制长沙运达公司收到代销清单确认收入的会计分录。

（2）编制长沙运达公司结转销售成本的会计分录。

（3）编制长沙运达公司确认手续费的会计分录。

（4）编制收到长沙白沙公司汇来货款的会计分录。

4.A公司（小企业）为增值税一般纳税人，2023年6月15日向B公司销售商品一批，开出的增值税专用发票上注明售价总额为90 000元，增值税为11 700元，货款尚未收到。2023年6月20日，B公司发现所购商品不符合合同规定的质量标准，要求A公司在价格上给予6%的销售折让。A公司经查明后，同意给予折让并取得了索取折让证明单，开具了增值税专用发票（红字）。

要求：根据上述资料分别编制A公司正常销售业务、销售折让的会计分录。

5.某小企业2023年"利润分配"账户的贷方余额为10万元，2023年实现的利润总额为150万元，企业所得税税率为25%。

要求：（1）计算并结转2023年实现的净利润。

（2）编制按本年净利润的10%和15%提取法定盈余公积和任意盈余公积的会计分录。

（3）编制向投资者分配并支付现金股利50万元的会计分录。

（4）计算2023年"未分配利润"账户的余额。

6.2023年9月22日，长沙副食品公司（小企业）向长沙家乐福超市销售酥饼1 000盒，每盒标价55元（不含增值税），增值税税率13%，该批商品的成本为每盒38元。由于成批销售，长沙副食品公司给予长沙家乐福超市20%的商业折扣。由于长沙副食品公司与长沙家乐福超市有长期业务往来，长沙家乐福超市货款尚未支付，为了鼓励长沙家乐福超市尽快支付货款，长沙副食品公司给予的现金折扣条件为"2/10，1/20，N/30"（假定计算现金折扣时不考虑增值税）。

要求：（1）编制长沙副食品公司销售酥饼的会计分录。

（2）编制长沙副食品公司结转销售成本的会计分录。

（3）假定长沙家乐福超市于2023年9月28日支付货款，编制相关会计分录。

五、实训题

1.2023年3月，某小企业生产甲产品的生产工人工资40 000元，生产乙产品的生产工人工资20 000元，生产甲、乙产品发生制造费用24 000元。

要求：按生产工人工资比例分配制造费用，填制制造费用分配表（见表综1-1），并编制记账凭证（见表综1-2）。

表综 1-1 　　　　　　　　　　　　　**制造费用分配表**

年　月　日　　　　　　　　　　　　　　　金额单位：元

产品名称	分配标准（工资）	分配率	分配金额
合　计			

表综 1-2 　　　　　　　　　　**记　账　凭　证**

年　月　日　　　　　　　　　　　　　字第　号

摘　要	总账科目	明细科目	记账√	借方金额										记账√	贷方金额										附件张
				千	百	十	万	千	百	十	元	角	分		千	百	十	万	千	百	十	元	角	分	
合　计																									

会计主管　　　　记账　　　　出纳　　　　审核　　　　制单

2.2023年6月10日，某小企业销售A产品并开出增值税专用发票，售价60 000元，增值税税率13%，款项收到并存入银行。

要求：据此编制记账凭证（见表综1-3，假设记账凭证已编至记字52号，附件2张）。

表综 1-3 　　　　　　　　　　**记　账　凭　证**

年　月　日　　　　　　　　　　　　　字第　号

摘　要	总账科目	明细科目	记账√	借方金额										记账√	贷方金额										附件张
				千	百	十	万	千	百	十	元	角	分		千	百	十	万	千	百	十	元	角	分	
合　计																									

会计主管　　　　记账　　　　出纳　　　　审核　　　　制单

3.某小企业2023年5月A材料收入、发出和结存情况如下（见表综1-4）：

表综1-4   **材料收发结存情况**   金额单位：元

日 期	业务内容	数量（件）	单位成本	金 额
5月1日	月初结存	1 000	10	10 000
5月5日	记4号凭证购入	2 000	11	22 000
5月10日	记9号凭证发出	2 100		

要求：按先进先出法计价，登记材料明细账（见表综1-5）。

表综1-5   **材料明细账（先进先出法）**

材料名称：   数量单位：件

年		凭证号数	摘 要	收 入			发 出			结 存		
月	日			数量	单价	金额	数量	单价	金额	数量	单价	金额

4.2023年5月30日，某小企业甲材料账面结存1 900件，单位成本10元，金额19 000元。经实地盘点甲材料，发现实存1 895件，单位成本10元，金额18 950元，短缺5件，其原因待查（不考虑增值税）。

要求：填写实存账存对比表（见表综1-6），并编制材料盘亏记账凭证（见表综1-7，假设记账凭证已编至记字85号）。

表综1-6   **实存账存对比表**

年   月   日   金额单位：元

材料名称	计量单位	单 价	实 存		账 存		盘 亏		备 注
			数量	金额	数量	金额	数量	金额	
									原因待查
合 计									

表综1-7   **记 账 凭 证**

年   月   日   字第   号

摘 要	总账科目	明细科目	记账√	借 方 金 额										记账√	贷 方 金 额									
				千	百	十	万	千	百	十	元	角	分		千	百	十	万	千	百	十	元	角	分
合 计																								

附件 张

会计主管   记账   出纳   审核   制单

5.2023年6月30日，某小企业分配本月职工工资，其中，生产工人工资88 000元，车间管理部门人员工资8 200元，行政管理部门人员工资8 800元。

要求：据此编制记账凭证（见表综1-8，假设记账凭证已编至记字86号，附件1张）。

表综1-8

记 账 凭 证

年　　月　　日　　　　　　　　字第　　号

摘要	总账科目	明细科目	记账√	借方金额										记账√	贷方金额										
				千	百	十	万	千	百	十	元	角	分		千	百	十	万	千	百	十	元	角	分
合计																								

附件　张

会计主管　　　　记账　　　　出纳　　　　审核　　　　制单

6.锦湘公司（小企业、增值税一般纳税人）适用的增值税税率为13%，售价中不含增值税。该小企业销售商品的同时结转成本。2023年11月30日损益类有关科目的累计发生额见表综1-9。

表综1-9　　　　　　损益类科目1月至11月累计发生额　　　　　　单位：元

科目名称	借方发生额	科目名称	贷方发生额
主营业务成本	2 000 000	主营业务收入	3 600 000
税金及附加	80 000	其他业务收入	200 000
其他业务成本	100 000	投资收益	12 000
销售费用	20 000	营业外收入	10 000
管理费用	90 000		
财务费用	10 000		
营业外支出	40 000		

2023年12月份锦湘公司发生如下经济业务：

（1）销售商品一批，增值税专用发票上注明售价3 000 000元，增值税390 000元，收到一张不带息的商业承兑汇票3 000 000元，剩余价款已收到并存入银行。该批商品的实际成本为2 000 000元。

（2）本月发生应付职工薪酬2 000 000元，其中，生产工人1 000 000元，车间管理人员100 000元，厂部管理人员200 000元，在建工程人员700 000元。代扣个人所得税100 000元后，用银行存款支付职工薪酬。

（3）本月摊销出租无形资产成本200 000元。

（4）本月收到增值税返还款项400 000元。

（5）向达能公司销售商品一批，增值税专用发票上注明价款 4 000 000 元，增值税 520 000 元，用转账支票支付运费 18 000 元，本单位承担 8 000 元，购买方承担 10 000 元。已向银行办妥托收款项的手续。

（6）因客户 C 公司宣告破产，6 000 元货款无法收回，经批准作为坏账损失处理。

要求：①编制锦湘公司 2023 年 12 月份业务（1）～（6）的相关会计分录。

②编制锦湘公司 2023 年度应交所得税的会计分录。（"应交税费"科目要求写出明细科目，单位：万元）

③编制锦湘公司 2023 年度利润表（见表综 1-10）。

表综 1-10 　　　　　　　　　　　**利润表（简表）**

编制单位：　　　　　　　　　　　　　　年度　　　　　　　　　　　　　　　　单位：元

项　　目	行次	本年累计金额	本月金额
一、营业收入	1		
减：营业成本	2		
税金及附加	3		
销售费用	4		
管理费用	5		
财务费用	6		
加：公允价值变动收益（损失以"-"号填列）	7		
投资收益（损失以"-"号填列）	8		
其中：对联营企业和合营企业的投资收益	9		
资产减值损失（损失以"-"号填列）	10		
资产处置收益（损失以"-"号填列）	11		
其他收益	12		
二、营业利润（亏损以"-"号填列）	13		
加：营业外收入	14		
减：营业外支出	15		
三、利润总额（亏损总额以"-"号填列）	16		
减：所得税费用	17		
四、净利润（净亏损以"-"号填列）	18		

综合模拟题 2

一、单项选择题

1.下列各项中,符合小企业会计要素收入定义的是( )。

A.出售商品的收入

B.出售无形资产净收益

C.转让固定资产净收益

D.向购货方收取的增值税销项税额

2.小企业存放在银行的信用卡存款,应通过( )科目进行核算。

A."其他货币资金"

B."银行存款"

C."应收票据"

D."库存现金"

3.2023年6月1日,某小企业开始研究开发一项新技术,当月发生研发支出200万元,其中,费用化金额60万元,符合资本化条件金额140万元。6月月末,研发活动尚未完成。该小企业2023年6月份应计入当期利润总额的研发支出为( )万元。

A.0

B.60

C.140

D.200

4.某小企业对一项原值为200万元、已提折旧100万元的固定资产进行改建,购入替换部件的账面价值为200万元,发生其他改扩建支出120万元,改扩建过程中被替换部分的账面价值为30万元。改建后该项固定资产的入账价值为( )万元。

A.190

B.390

C.290

D.320

5.某小企业于2023年6月28日建造的一条生产线投入使用,该生产线建造成本为1 000万元,预计使用年限为5年,预计净残值为100万元。在采用年数总和法计提折旧的情况下,2023年该设备计提的折旧额为( )万元。

A.600

B.150

C.1 000

D.300

6.下列有关小企业长期股权投资的处理,正确的是( )。

A.债券的折价或者溢价采用实际利率法进行摊销

B.长期股权投资应当采用权益法进行会计处理

C.债权投资损失应当于实际发生时记入"投资收益"科目的借方

D.以支付现金取得的长期股权投资,应当按照购买价款和相关税费作为初始投资成本

7.小企业利润表中各项目,主要根据( )账户的发生额分析填列。

A.资产类

B.负债类

C.所有者权益类

D.损益类

8.下列各项中,应计入其他业务成本的是( )。

A.库存商品盘亏净损失

B.结转已售材料成本

C.向灾区捐赠商品成本　　　　　　　　　　D.火灾导致原材料毁损净损失

9.某小企业当月销售商品发生商业折扣100万元，现金折扣50万元，销售退回10万元。该小企业上述业务计入当月财务费用的金额为（　　　）万元。

A.150　　　　　　　　　　　　　　　　　　B.50

C.230　　　　　　　　　　　　　　　　　　D.180

10.某工业小企业（增值税一般纳税人）材料按计划成本核算，甲材料计划单位成本为每千克20元，该小企业购入甲材料2 000千克，增值税专用发票上注明材料价款42 000元，增值税5 460元，验收入库时实收1 980千克，短缺的20千克为运输途中定额内的合理损耗。该批入库材料的材料成本差异为（　　　）元。

A.2 400　　　　　　　　　　　　　　　　　B.2 000

C.−2 400　　　　　　　　　　　　　　　　D.400

11.小企业从应付职工工资中代扣的职工房租，应借记（　　　）账户。

A.“应付职工薪酬”　　　　　　　　　　　　B.“管理费用”

C.“其他应收款”　　　　　　　　　　　　　D.“其他应付款”

12.某小企业原由A、B、C三位股东各出资100万元而设立，注册资本为300万元。经过两年的经营，D愿意出资300万元加入，增资后该小企业的注册资本为400万元，D占25%的股份，则应将D出资中的（　　　）万元计入资本公积。

A.200　　　　　　　　　　　　　　　　　　B.250

C.0　　　　　　　　　　　　　　　　　　　D.50

13.小企业赊购商品确认应付账款后，对于实际享受的现金折扣，应当（　　　）。

A.冲减当期销售费用　　　　　　　　　　　B.冲减当期商品成本

C.冲减当期财务费用　　　　　　　　　　　D.冲减当期主营业务成本

14.下列项目中，不属于利润表内容的是（　　　）。

A.营业收入　　　　　　　　　　　　　　　B.利润总额

C.所有者权益总额　　　　　　　　　　　　D.净利润

15.下列各项中，不应计入销售费用的是（　　　）。

A.广告费

B.出借包装物的摊销

C.随同商品出售不单独计价的包装物成本

D.随同商品出售且单独计价的包装物成本

16.下列各项中，能够引起小企业所有者权益总额发生变化的是（　　　）。

A.以资本公积转增资本　　　　　　　　　　B.增发新股

C.向股东支付已宣告分配的现金股利　　　　D.以盈余公积转增资本

17.2023年8月28日，胜利公司（小企业）以银行存款购入乙上市公司股票100 000股作为短期投资，每股成交价9.8元，其中包括0.2元已宣告但尚未分派的现金股利，另支付相关税费4 000元。胜利公司“短期投资”账户应确认的入账价值为（　　　）元。

A.964 000　　　　　　　　　　　　　　　B.968 000

C.980 000　　　　　　　　　　　　　　　D.1 000 000

18.乙小企业“原材料”账户借方余额200万元，“生产成本”账户借方余额200万元，"材料采购"账户借方余额50万元，"材料成本差异"账户贷方余额30万元，"库存商品"账户借方余额550万元。该小企业期末资产负债表中"存货"项目应填列的金额为（　　）万元。

A.920　　　　　　　　　　　　B.1 020

C.970　　　　　　　　　　　　D.940

19.某小企业向职工发放自产的加温器作为福利，该产品的成本为每台150元，共有职工500人，计税价格为200元，增值税税率为13%，则计入该小企业应付职工薪酬的金额为（　　）元。

A.113 000　　　　　　　　　　B.75 000

C.100 000　　　　　　　　　　D.92 000

20.小企业"材料采购"明细账一般按（　　）设置明细账户。

A.材料重量　　　　　　　　　　B.材料种类

C.供货单位名称　　　　　　　　D.采购员

二、多项选择题

1.编制银行存款余额调节表时，下列未达账项中，会导致小企业银行存款日记账的账面余额大于银行对账单余额的有（　　）。

A.小企业开出支票，银行尚未支付

B.小企业送存支票，银行尚未入账

C.银行代收款项，小企业尚未接到收款通知

D.银行代付款项，小企业尚未接到付款通知

2.关于小企业长期股权投资的核算，下列说法正确的有（　　）。

A.长期股权投资是小企业一般准备持有时间在1年以上的权益性投资

B.小企业的长期股权投资应当采用成本法进行会计处理

C.以支付现金取得的长期股权投资，应当按照实际支付的购买价款和相关税费作为初始投资成本

D.通过非货币性资产交换取得的长期股权投资，应当按照小企业换出资产的账面价值确定

3.下列与小企业生产设备购建相关的支出项目中，构成增值税一般纳税人生产设备价值的有（　　）。

A.支付的增值税

B.支付的耕地占用税

C.进口设备的关税

D.自营在建工程达到竣工决算前发生的借款利息

4.下列可计入产品生产成本的项目有（　　）。

A.直接材料　　　　　　　　　　B.直接人工

C.制造费用　　　　　　　　　　D.管理费用

5.关于小企业无形资产的摊销，下列说法错误的有（　　）。

A.使用寿命有限的无形资产，其应摊销金额应当在使用寿命内系统合理摊销

B.小企业摊销无形资产，应当自无形资产可供使用的下月起至不再作为无形资产确认时止

C.小企业不能可靠估计无形资产使用寿命的，其摊销期不短于10年

D.使用寿命有限的无形资产一定无残值

6.下列项目中，属于小企业其他应付款核算范围的有（   ）。

A.存入保证金　　　　　　　　　　B.应付租入包装物租金

C.购买商品开出的商业汇票　　　　D.应付购入商品的货款

7.下列事项中，可能引起小企业资本公积变动的有（   ）。

A.经批准将资本公积转增资本

B.宣告分派现金股利

C.投资者投入的资金按约定比例在注册资本中享有的份额

D.小企业收到的投资者出资额超过其在注册资本或股本中所占份额的部分

8.下列税费中，工业小企业应记入"税金及附加"科目的有（   ）。

A.应缴纳的城市维护建设税　　　　B.销售应税消费品应缴纳的消费税

C.对外提供运输劳务应缴纳的增值税　D.销售不动产应缴纳的增值税

9.小企业的利润表应当单独列示反映的项目包括（   ）。

A.营业收入　　　　　　　　　　　B.管理费用

C.所得税费用　　　　　　　　　　D.净利润

10.下列各项中，不应确认为财务费用的有（   ）。

A.业务招待费　　　　　　　　　　B.资本化的借款利息支出

C.销售方发生的现金折扣　　　　　D.销售商品发生的商业折扣

11.下列各项中，会使小企业所有者权益增加的有（   ）。

A.当年发生盈利　　　　　　　　　B.用当年税后利润弥补以前年度亏损

C.接受投资者投资　　　　　　　　D.以盈余公积补亏

12.下列各项中，应在资产负债表中"货币资金"项目反映的有（   ）。

A.外埠存款　　　　　　　　　　　B.商业承兑汇票

C.银行承兑汇票　　　　　　　　　D.信用卡存款

13.下列项目中，属于小企业营业外收入核算的有（   ）。

A.非流动资产处置利得　　　　　　B.捐赠利得

C.现金盘盈利得　　　　　　　　　D.无法归还的应付账款

14.小企业的无形资产包括（   ）。

A.著作权　　　　　　　　　　　　B.商标权

C.商誉　　　　　　　　　　　　　D.土地使用权

15.下列小企业发生的各项支出中，按规定可用现金支付的有（   ）。

A.支付职工王某差旅费3 000元　　B.支付职工汤某困难补助2 000元

C.支付购置设备款6 000元　　　　D.支付材料采购货款10 000元

三、判断题（正确打√，错误打×）

1.小企业会计核算中，预付账款不多的，也可以不设置"预付账款"账户。小企业预付货款时，直接将其记入"应收账款"账户的借方。　　　　　　　　　　（　　）

2.小企业采用计划成本对材料进行日常核算，应按季度或年度分摊发出材料应负担的成本差异。　　　　　　　　　　　　　　　　　　　　　　　　　　（　　）

3.小企业利润表中"营业利润"项目就是营业收入减去营业成本后的余额。　（　　）

4.收入能够导致小企业所有者权益增加，但导致所有者权益增加的不一定都是收入。　　　　　　　　　　　　　　　　　　　　　　　　　　　　　　（　　）

5.对于先征后返的增值税，小企业应在实际收到时，确认为营业外收入。　（　　）

6."资本公积"账户反映的是小企业收到投资者出资额超出其在注册资本或股本中所占份额的部分及直接计入当期损益的利得和损失。　　　　　　　　　（　　）

7.资产负债表只是反映小企业在一定期间财务状况的报表。　　　　　　（　　）

8."待处理财产损溢"账户，借方反映盘亏财产的价值，贷方反映盘盈财产的价值。　　　　　　　　　　　　　　　　　　　　　　　　　　　　　　（　　）

9.小企业（增值税一般纳税人）非正常损失的购进货物的进项税额，可以从销项税额中抵扣。　　　　　　　　　　　　　　　　　　　　　　　　　　（　　）

10.小企业生产设备的修理费，应当计入制造费用。　　　　　　　　　　（　　）

四、计算分录题

1.2023年5月，长沙含光服饰公司（小企业、增值税一般纳税人）发生的部分业务如下：（单位：万元）

（1）5月1日，收到C公司发来的材料一批并验收入库，增值税专用发票上注明货款100万元，增值税13万元，款项上年已经预付。材料采用实际成本核算。

（2）5月13日，以48万元购入乙公司股票60万股作为短期投资，另支付手续费1万元。

（3）5月21日，用银行存款10万元购入B公司股票作为长期股权投资。

（4）5月31日，经计算本月应付职工工资20万元，其中，生产工人工资12万元，车间管理人员工资3万元，厂部管理人员工资5万元。

（5）5月31日，根据上例工资总额按14%计提职工福利费。

（6）5月31日，按规定计算代扣代缴职工个人所得税3万元。

（7）5月31日，以现金支付职工李某生活困难补助1万元。

（8）5月31日，为公司总部25位部门经理每人配备汽车一辆供免费使用，每辆汽车每月折旧0.08万元。

（9）该公司为其5名副总裁以上高级管理人员每人租赁一套公寓供免费使用，月租金为每套8 000元，5月31日支付当月租金40 000元。

要求：根据上述业务编制相关会计分录。

2.某小企业年初未分配利润50万元，盈余公积12万元，本年利润总额300万元，企业所得税税率为25%，本年不存在纳税调整事项，按10%提取法定盈余公积，向投资者分配利润100万元。（单位：万元）

要求：（1）编制计提、结转、缴纳所得税的会计分录。

（2）计算净利润，并编制提取法定盈余公积、向投资者分配利润的会计分录。

（3）编制结转利润分配各明细科目的会计分录。

（4）计算年末盈余公积、未分配利润和留存收益。

3.向阳公司（小企业、增值税一般纳税人）2023年5月份发生下列销售业务：

（1）3日，向A公司销售商品1 000件，每件商品的标价为80元，为了鼓励多购商品，向阳公司同意给予A公司10%的商业折扣，开出的增值税专用发票上注明售价总额为72 000元，增值税为9 360元，商品已发出，货款已收存银行。

（2）5日，向B公司销售商品一批，增值税专用发票上注明的售价总额为60 000元，增值税为7 800元，向阳公司为了早日收回货款，在合同中规定的现金折扣条件为"2/10，1/20，N/30"。

（3）13日，收到B公司扣除现金折扣后的全部款项并存入银行，计算现金折扣时不考虑增值税。

（4）15日，向C公司销售商品一批，开出的增值税专用发票上注明售价总额为90 000元，增值税为11 700元，货款尚未收到。

（5）20日，C公司发现所购商品不符合合同规定的质量标准，要求向阳公司在价格上给予6%的销售折让。向阳公司经查明后，同意给予折让并取得了索取折让原始凭证，并开具了增值税专用发票（红字）。

要求：编制向阳公司上述销售业务的会计分录。

4.光明公司（小企业、增值税一般纳税人）2023年9月1日"应交税费——应交增值税"账户有贷方余额11 600元，2023年9月份该公司发生的有关业务如下（款项全部通过银行收支）：

（1）销售商品一批，增值税专用发票上注明的售价为500 000元，增值税为65 000元，收到一张不带息的银行承兑汇票30万元，剩余价款收到转账支票。该批商品的实际成本为20万元。

（2）接受阳光公司作为资本投入的材料一批，双方确认的评估价值为300 000元，税务部门认定的增值税为39 000元，阳光公司开具了增值税专用发票。

（3）购进的免税农产品已作为原材料入库，价款20 000元，增值税扣除率为9%，款项以转账支票支付。

（4）光明公司有职工120名，其中，80名为直接参加生产的职工，40名为管理人员。2023年9月该公司决定以其生产的酸奶作为福利发放给职工，每人1件，该酸奶的生产成本为每件80元，公允价值为每件100元，假设计税价格等于公允价值。光明公司适用的增值税税率为13%。

（5）月末原材料盘亏3 000元，转出增值税390元，经查明属于非常损失。

（6）在建仓库工程领用原材料一批，该批原材料的实际成本为20 000元，应由该批原材料负担的增值税为2 600元。

要求：①根据上述业务编制相关会计分录（"应交税费"项目应列出专栏）。

②计算本月应缴纳的增值税。

③编制以转账支票上缴本月应交增值税的会计分录（上缴后"应交增值税"账户余额为0）。

5.长城公司（小企业、增值税一般纳税人）适用的增值税税率为13%，原材料（仅有一种甲材料）采用计划成本法核算，单位计划成本为490元。2023年8月月初"原材料"账户余额为49 000元，"材料成本差异"账户为借方余额10 680元。长城公司8月份发生下列经济业务：

（1）2日，购入甲材料401吨，增值税专用发票上注明的价款为200 000元，增值税为26 000元，发生运输费用20 000元（增值税按9%抵扣），款项以银行存款支付。

（2）上述甲材料运抵小企业，验收入库甲材料实际数量400吨，短缺的1吨是运输途中发生的合理损耗。

（3）10日，长城公司和健能公司签订协议，接受健能公司以账面价值45 000元的100吨甲材料对长城公司进行投资，双方协议价格为50 000元，该批甲材料已验收入库并收到对方开具的税额为6 500元的增值税专用发票一张（与长城公司确认的实收资本一致）。

（4）20日，长城公司从新达公司购入20吨甲材料，该批甲材料已验收入库，收到增值税专用发票一张，价款为11 000元，增值税为1 430元，货款已于上月预付10 000元，余款用转账支票付讫。

（5）31日，经汇总，本月生产乙产品共领用甲材料480吨。

要求：①编制上述业务（1）～（4）的有关会计分录。

②计算甲材料2023年8月份的材料成本差异率。

③编制上述业务（5）的有关会计分录。

④计算月末甲材料的实际成本。

6.长沙华运公司于2023年11月1日与丙公司签订合同，为丙公司定制一款软件，工期大约5个月，合同总收入4 000 000元。截至2023年12月31日，长沙华运公司已发生成本2 040 000元（假定均为开发人员薪酬），预收账款2 500 000元，长沙华运公司预计开发该款软件还将发生成本1 360 000元。2023年12月31日，经专业测量，该款软件的完工进度为60%。

要求：（1）编制预收款项的会计分录。

（2）编制12月份确认合同收入的会计分录。

（3）编制12月份发生劳务成本的会计分录。

（4）编制12月份结转劳务成本的会计分录。

五、实训题

1.长沙资阳林丰工厂（小企业、增值税一般纳税人），纳税人识别号为080791597621475036。地址：长沙市芙蓉中路118号，联系电话0731-85247931。开户银行：中国工商银行长沙市北城支行，账号191889513697412384。单位负责人：肖军；会计机构负责人：陈静；单位主管：高芳；会计：黄军；审核：李民；出纳：王东；业务开票人：王原；收款人：张为。

该工厂材料按实际成本计价核算，生产并销售A、B两种产品。

（1）2023年5月21日，开出现金支票支付前欠浙江公司货款25 800元。

要求：填写现金支票（见表综2-1），并编制记账凭证（见表综2-2）。

表综2-1

中国工商银行 现金支票存根		中国工商银行　现金支票	
	付款期限自出票之日起十天	出票日期（大写）　年　月　日　　付款行名称： 收款人：　　　　　　　出票人账号： 人民币 （大写）　　　　　　　　　亿千百十万千百十元角分 用途　　　　　　　密码 上列款项请从 我账户内支付 出票人签章　　　　　复核　　　记账	

表综2-2

记 账 凭 证

年　月　日　　　　　　　　　　字第　号

摘　要	总账科目	明细科目	记账√	借 方 金 额									记账√	贷 方 金 额								
				千	百	十	万	千	百	十	元	角 分		千	百	十	万	千	百	十	元	角 分
合　计																						

附件　张

会计主管　　　　记账　　　　　出纳　　　　　审核　　　　　制单

（2）2023年4月4日，销售给长沙前进公司A产品1 000件，每件出厂价10元，增值税专用发票上注明价款10 000元，增值税1 300元，货款及税款均已存入银行。

长沙前进公司（工业小企业）属于增值税一般纳税人，纳税人识别号为15973964013475021。地址：长沙市珠江路118号，联系电话0731-85678932。开户银行：长沙银行长沙市江南支行，账号687439032104896307。该公司适用的增值税税率为13%。

要求：填写增值税专用发票（见表综2-3）。

表综2-3

湖南省增值税专用发票

No45215728

此联不作报销、扣税凭证使用　　　　　开票日期：

购买方	名　　称： 纳税人识别号： 地址、电话： 开户行及账号：					密码区	略		
货物或应税劳务、服务名称	规格型号	单位	数量	单价	金额		税率	税额
合　计								
价税合计（大写）							（小写）	
销售方	名　　称： 纳税人识别号： 地址、电话： 开户行及账号：					备注		

第一联：记账联　销售方记账凭证

收款人：　　　　复核：　　　　开票人：　　　　销售方：（章）

（3）资阳林丰工厂2023年5月份有关损益类账户发生额见表综2-4。

表综2-4　　　　　　　　　　**损益类账户发生额**

2023年5月31日　　　　　　　　　　　　单位：元

账户名称	贷方发生额	账户名称	借方发生额
主营业务收入	304 000	主营业务成本	212 056
其他业务收入	16 000	其他业务成本	10 000
营业外收入	900	税金及附加	0
		销售费用	4 000
		管理费用	26 600
		财务费用	0
		营业外支出	2 000

要求：编制2023年5月份利润表（见表9-5），适用的企业所得税税率为25%。

表综2-5

利润表（简表）

编制单位： 年 月 单位：元

项 目	行次	本年累计金额	本月金额
一、营业收入	1		
减：营业成本	2		
税金及附加	3		
销售费用	4		
管理费用	5		
财务费用	6		
加：公允价值变动收益（损失以"−"号填列）	7		
投资收益（损失以"−"号填列）	8		
其中：对联营企业和合营企业的投资收益	9		
资产减值损失（损失以"−"号填列）	10		
资产处置收益（损失以"−"号填列）	11		
其他收益	12		
二、营业利润（亏损以"−"号填列）	13		
加：营业外收入	14		
减：营业外支出	15		
三、利润总额（亏损总额以"−"号填列）	16		
减：所得税费用	17		
四、净利润（净亏损以"−"号填列）	18		

2.2023年12月31日，胜利公司全部总分类账户和所属明细分类账户余额见表综2-6。

表综2-6

账户余额表

2023年12月31日 单位：元

账户名称	借方余额	贷方余额	账户名称	借方余额	贷方余额
库存现金	500		短期借款		30 000
银行存款	8 500		应付账款		5 000
应收账款	11 500		预收账款		500
预付账款	2 350		其他应付款		4 500
其他应收款	500		应付职工薪酬		10 350
库存商品	10 000		应交税费		30 000
原材料	13 500		应付利润		11 500
生产成本	4 000		长期借款		15 000
债权投资	100 000		其中：一年内到期		5 000
固定资产	200 000		实收资本		140 000
累计折旧		10 000	盈余公积		11 040
无形资产	0		利润分配——未分配利润		84 960
长期待摊费用	2 000				

注："长期待摊费用"账户剩余的摊销期均为9个月。

要求：假设胜利公司采用《小企业会计准则》，编制胜利公司2023年度资产负债表（仅填期末余额，见表综2-7）。

表综2-7

资产负债表（简表）

编制单位：   年　月　日   单位：元

资　　产	期末余额	年初余额	负债和所有者权益	期末余额	年初余额
流动资产：		（略）	流动负债：		（略）
货币资金			短期借款		
短期投资			应付票据		
应收票据			应付账款		
应收账款			预收账款		
预付账款			应付职工薪酬		
应收股利			应交税费		
应收利息			应付利息		
其他应收款			应付利润		
存货			其他应付款		
其中：原材料			其他流动负债		
在产品			流动负债合计		
库存商品			非流动负债：		
周转材料			长期借款		
其他流动资产			长期应付款		
流动资产合计			递延收益		
非流动资产：			其他非流动负债		
债权投资			非流动负债合计		
长期股权投资			负债合计		
固定资产原价					
减：累计折旧					
固定资产账面价值					
在建工程					
工程物资					
固定资产清理					
生产性生物资产			所有者权益：		
无形资产			实收资本		
开发支出			资本公积		
长期待摊费用			盈余公积		
其他非流动资产			未分配利润		
非流动资产合计			所有者权益合计		
资产总计			负债和所有者权益总计		

技能达标题1

长沙九江工厂（小企业）基本情况如下：该工厂属于增值税一般纳税人，纳税人识别号为14762159762147 5036。地址：长沙市开元路450号，联系电话0731-85107931。开户银行：中国工商银行长沙市北城支行，账号456987200486304701。单位负责人：肖军；会计机构负责人：陈静；单位主管：高芳；会计：岳样；审核：李民；出纳：郑玲；业务开票人：刘界；收款人：张为；制单人：王海。该工厂适用的增值税税率为13%。

1.2023年5月12日，长沙九江工厂开出现金支票，从银行提取现金100 000元，并发放现金工资（工资表略）。

要求：（1）填制现金支票（见表技1-1）。

表技1-1

中国工商银行 现金支票存根		中国工商银行　现金支票	
	付款期限自出票之日起十天	出票日期（大写）　年　月　日 收款人： 人民币 （大写） 用途 上列款项请从 我账户内支付 出票人签章	付款行名称： 出票人账号： 亿千百十万千百十元角分 密码 复核　　　记账
附加信息			
出票日期　年　月　日			
收款人：			
金　额：			
用　途：			
单位主管　　会计			

（2）编制提现的记账凭证（见表技1-2，假设记账凭证已编至记字25号）。

表技1-2

记　账　凭　证

年　　月　　日　　　　　　　　　　　　字第　　号

摘　要	总账科目	明细科目	记账√	借　方　金　额										记账√	贷　方　金　额										
				千	百	十	万	千	百	十	元	角	分		千	百	十	万	千	百	十	元	角	分
合　计																									

会计主管　　　　　记账　　　　　出纳　　　　　审核　　　　　制单

（3）编制发放工资的记账凭证（见表技1–3）。

表技1–3

记 账 凭 证

年　月　日　　　　　　　　　　　字第　　号

摘　要	总账科目	明细科目	记账√	借　方　金　额									记账√	贷　方　金　额									附件张
				千	百	十	万	千	百	十	元	角	分		千	百	十	万	千	百	十	元	角	分	
合　计																									

会计主管　　　　记账　　　　出纳　　　　审核　　　　制单

2.2023年5月1日，长沙九江工厂销售给山陵公司A产品2 000件，每件售价10元，增值税专用发票上注明价款20 000元，增值税2 600元，货款及税款均已存入银行。山陵公司（工业小企业）属于增值税一般纳税人，纳税人识别号为687321640134756021。地址：长沙市军龄路654号，联系电话0731-80378932。开户银行：长沙银行长沙市江南支行，账号30014503210489637。该工厂适用的增值税税率为13%。

要求：（1）填写增值税专用发票（见表技1–4）。

表技1–4

湖南省增值税专用发票

此联不作报销、抵税凭证使用　　　　　　　开票日期：　　　　　　　No45215729

购买方	名　称： 纳税人识别号： 地址、电话： 开户行及账号：					密码区		略		第一联：记账联 销售方记账凭证
货物或应税劳务、服务名称	规格型号	单位	数量	单价		金额	税率	税额		
合　计										
价税合计（大写）								（小写）		
销售方	名　称： 纳税人识别号： 地　址、电话： 开户行及账号：					备注				

收款人：　　　　复核：　　　　开票人：　　　　销售方：（章）

（2）填写进账单（见表技1-5）。

表技1-5

进账单（收账通知）   **3**

年　月　日

出票人	全　称		收款人	全　称													收款人开户银行交给收款人的收账通知
	账　号			账　号													
	开户银行			开户银行													
金额	人民币（大写）					亿	千	百	十	万	千	百	十	元	角	分	
票据种类		票据张数															
票据号码																	
复核：		记账：				开户银行签章											

（3）根据上述经济业务编制销售方的记账凭证（见表技1-6，假设记账凭证已编至记字28号）。

表技1-6

记　账　凭　证

年　月　日　　　　字第　号

摘　要	总账科目	明细科目	记账√	借　方　金　额										记账√	贷　方　金　额										附件张
				千	百	十	万	千	百	十	元	角	分		千	百	十	万	千	百	十	元	角	分	
合　计																									

会计主管　　　记账　　　出纳　　　审核　　　制单

3.2023年5月20日，行政科黎令经理预借2 000元的差旅费，出纳以现金支付。

要求：填写借支单（见表技1-7），并编制记账凭证（见表技1-8，假设记账凭证已编至记字32号）。

表技1-7

借支单

年　月　日

借款部门		职别		出差人姓名	
借款事由					
借款金额人民币（大写）			（小写）		
批准人		部门负责人		财务负责人	

收款人：

表技 1-8

记 账 凭 证

年　　月　　日　　　　　　　　　　　字第　　号

摘　要	总账科目	明细科目	记账√	借　方　金　额										记账√	贷　方　金　额									
				千	百	十	万	千	百	十	元	角	分		千	百	十	万	千	百	十	元	角	分
合　计																								

附件　　张

会计主管　　　　　记账　　　　　出纳　　　　　　审核　　　　　制单

4.2023年5月8日，黎令经理回厂报销差旅费1 260元，退回多余现金。（出差时间：5月4日至5月8日；出发地：长沙；目的地：武汉；公出补助：4天；标准：50元/天；车船费：480元；住宿费：580元）

要求：（1）填写差旅费报销单（见表技1-9）。

表技 1-9　　　　　　　　　　　　　　**差旅费报销单**

姓名：　　　　　　部门：　　　　　　日期：　　　　　出差事由：

出发地		到达地		公出补助			车船飞机费	卧铺	住宿费	市内车费	邮电费	其他	合计
月	日	地点	月	日	地点	天数	标准	金额							
总计人民币（大写）													
预支			核销			退补							

主管：　　　　　　部门：　　　　　　报销人：　　　　　审核人：

（2）填写收款收据（见表技1-10）。

表技 1-10　　　　　　　　　　　　**收款收据**

年　　月　　日　　　　　　　　　　　　No

交款单位：　　　　　　　　　　　　　收款方式：

人民币（大写）　　　　　　　　　　　　　　¥

收款事由：

　　　　　　　　　　　　　　　　　　　　　　年　月　日

第二联：记账联

单位盖章：　　财会主管：　　　记账：　　　出纳：　　　审核：　　　经办：

（3）编制记账凭证（见表技 1-11，假设记账凭证已编至记字 43 号）。

表技 1-11

记 账 凭 证

年　月　日　　　　　　　　　　字第　　号

摘 要	总账科目	明细科目	记账√	借 方 金 额 千百十万千百十元角分	记账√	贷 方 金 额 千百十万千百十元角分
合 计						

附件　　张

会计主管　　　记账　　　　出纳　　　　审核　　　　制单

5.2023 年 5 月，长沙九江工厂有关损益类账户发生额见表技 1-12。

表技 1-12 损益类账户发生额

2023 年 5 月 31 日　　　　　　　　　　单位：元

账户名称	贷方发生额	账户名称	借方发生额
主营业务收入	5 000 000	主营业务成本	2 300 000
其他业务收入	490 000	其他业务成本	270 000
营业外收入	10 000	税金及附加	10 000
投资收益	30 000	销售费用	3 000
		管理费用	70 600
		财务费用	19 000
		营业外支出	30 000

要求：编制 2023 年 5 月份利润表（见表技 1-13），适用的企业所得税税率为 25%。

表技 1-13 利润表（简表）

编制单位：　　　　　　　　　　年　月　　　　　　　　　　单位：元

项　目	行次	本年累计金额	本月金额
一、营业收入	1		
减：营业成本	2		
税金及附加	3		
销售费用	4		
管理费用	5		
财务费用	6		

项　目	行次	本年累计金额	本月金额
加：公允价值变动收益（损失以"－"号填列）	7		
投资收益（损失以"－"号填列）	8		
其中：对联营企业和合营企业的投资收益	9		
资产减值损失（损失以"－"号填列）	10		
资产处置收益（损失以"－"号填列）	11		
其他收益	12		
二、营业利润（亏损以"－"号填列）	13		
加：营业外收入	14		
减：营业外支出	15		
三、利润总额（亏损总额以"－"号填列）	16		
减：所得税费用	17		
四、净利润（净亏损以"－"号填列）	18		

技能达标题2

1.长沙大为公司（小企业）为增值税一般纳税人，采用加权平均法计算发出商品和结存商品的成本。2023年6月月初男上衣单位成本为158元，2023年6月份库存商品（男上衣）收入、发出和结存的有关数据资料见表技2-1。

表技2-1   **库存商品收发结存情况**   金额单位：元

日 期	业 务	增 加			发出数量（件）	结存数量（件）	单 价	金 额
		数量（件）	单位成本	金额				
1日	月初结存					1 200	158	189 600
30日	生产入库	3 500	160	560 000		4 700		
30日	销售发出				2 500	2 200		

要求：（1）计算男上衣的加权平均单价、发出男上衣的总成本。

（2）登记"库存商品——男上衣"明细账（见表技2-2）。

表技2-2

库存商品明细账

最高存量 ＿＿＿＿＿＿＿＿

最低存量 ＿＿＿＿＿＿＿＿

本账页数	
本户页数	

编 号 ＿＿＿＿＿ 规格 ＿＿＿＿＿   单位（   ）名称＿＿＿＿＿

年		凭证号数	摘 要	账页	借 方				贷 方				结 存			
月	日				数量	单价	金 额		数量	单价	金 额		数量	单价	金 额	
							千百十万千百十元角分				千百十万千百十元角分				千百十万千百十元角分	

2. 长沙大为公司（小企业）2023年6月月初有关固定资产原值的情况如下：厂部办公用房屋建筑物原始价值为350 000元，基本生产车间厂房原始价值为500 000元，月折旧率为0.2%。基本生产车间机器设备月初原始价值为120 000元，月折旧率为0.8%。2023年6月份基本生产车间购入一台设备，原价为120 000元，月折旧率为0.8%。

要求：（1）计算2023年6月份固定资产的折旧额。

（2）填制固定资产折旧计算表（见表技2-3）。

表技2-3

固定资产折旧计算表

固定资产使用部门	月初应计折旧的固定资产原值（元）	月综合折旧率	月折旧额（元）
合　计			

制表：　　　　　　　　　　　审核：

（3）编制相关记账凭证（见表技2-4，假设记账凭证已编至记字28号，制单人略）。

表技2-4

记　账　凭　证

年　月　日　　　　　　　　　字第　号

摘要	总账科目	明细科目	记账√	借方金额 千百十万千百十元角分	记账√	贷方金额 千百十万千百十元角分
合　计						

附件　张

会计主管　　　　记账　　　　出纳　　　　审核　　　　制单

3.（1）2023年3月23日，长沙兴农小企业从招商证券股份有限公司购入股票。

要求：根据成交过户交割单（见表技2-5），编制记账凭证（见表技2-6，假设记账凭证已编至记字29号，制单人略）。

表技 2-5

招商证券股份有限公司长沙营业部

2023 年 3 月 23 日 人民币	成交过户交割单　[买入]
公司代码：231548	申请编号：354
证券账号：8645999213102	证券名称：洪兴股份有限公司 0001
资金账号：1662066241583786	成交数量：10 000
股东名称：长沙兴农小企业	成交价格：9.50
申报时间：10:38:57	成交金额：95 000.00
成交时间：11:00:00	佣金：4 000.00
上次余额：260 000.00	印花税：1 000.00
实际收付：-100 000.00	过户费：0.00
资金余额：160 000.00	委托费：0.00
股票余额：20 000	其他费用：0.00
打印日期：2023 年 3 月 23 日	备注：用存出投资款进行股票买入

经办单位：招商证券股份有限公司长沙营业部　　　　　　　　　客户签章：王 其

表技 2-6

记　账　凭　证

年　　　月　　　日　　　　　　　　　字第　　　号

摘　要	总账科目	明细科目	记账√	借　方　金　额									记账√	贷　方　金　额									附件张
				千	百	十	万	千	百	十	元	角	分		千	百	十	万	千	百	十	元	角	分
合　计																								

会计主管　　　　记账　　　　出纳　　　　审核　　　　制单

（2）2023 年 5 月 23 日，长沙兴农小企业将持有的股票出售。

　　要求：根据成交过户交割单（见表技 2-7），编制记账凭证（见表技 2-8，假设记账凭证已编至记字 30 号，制单人略）。

表技 2-7

招商证券股份有限公司长沙营业部

2023 年 5 月 23 日 人民币	成交过户交割单　[卖出]
公司代码：231548	申请编号：354
证券账号：8645999213102	证券名称：洪兴股份有限公司 0001
资金账号：1662066241583786	成交数量：10 000
股东名称：长沙兴农小企业	成交价格：11.50
申报时间：8:45:57	成交金额：115 000.00
成交时间：9:06:00	佣金：3 500.00
上次余额：160 000.00	印花税：1 500.00
实际收付：+110 000.00	过户费：0.00
资金余额：270 000.00	委托费：0.00
股票余额：10 000	其他费用：0.00
打印日期：2023 年 5 月 23 日	备注：股票卖出存入投资款账户

经办单位：招商证券股份有限公司长沙营业部　　　　　　　　　客户签章：王 其

表技 2-8

记 账 凭 证

年　月　日　　　　　　　　　字第　号

摘　要	总账科目	明细科目	记账√	借方金额 千百十万千百十元角分	记账√	贷方金额 千百十万千百十元角分	附件张
合　计							

会计主管　　　记账　　　出纳　　　审核　　　制单

　　4.2023 年 7 月，长沙盛达公司（小企业）职工个人按上一年平均工资计提社会保险费，假设各项保险费用计提比例合计为 25%，住房公积金计提比例为 10%。

　　要求：计算相关数据并填写完成社会保险费用及住房公积金分配表（见表技 2-9），并据以编制记账凭证（见表技 2-10，假设记账凭证已编至记字 35 号，制单人略）。

表技 2-9

社会保险费用及住房公积金分配表

2023 年 7 月　　　　　　　　　　　　　　　　　　　单位：元

项　　目		工资总额	各项保险费用合计（25%）	住房公积金（10%）
车间	甲产品生产工人	30 000		
	乙产品生产工人	28 000		
	管理人员	22 000		
厂部管理人员		26 000		
销售机构人员		15 000		
在建工程人员		8 000		
合　计		129 000		

表技 2-10

记 账 凭 证

年　月　日　　　　　　　　　字第　号

摘　要	总账科目	明细科目	记账√	借方金额 千百十万千百十元角分	记账√	贷方金额 千百十万千百十元角分	附件张
合　计							

会计主管　　　记账　　　出纳　　　审核　　　制单

5.2023年5月31日，长沙含新公司（小企业）在进行财产清查时，发现A化妆品账存200套，实际盘点210套，单位成本580元；对B护肤品进行盘点，发现账存190套，实际盘点180套，单位成本100元。

要求：填制财产清查报告单（见表技2-11），并据以编制记账凭证（见表技2-12和表技2-13，假设记账凭证已编至记字45号，制单人略）。

表技2-11   **财产清查报告单**

制单日期：   单据号：

编号	财产名称	规格型号	单位	单价	数量		盘盈		盘亏		原因
					账存	实存	数量	金额	数量	金额	
合　计											

财务：   审批：   主管：   保管员：   制单：

表技2-12   **记　账　凭　证**

　　　　　　　　　年　　月　　日　　　　　　　　　字第　　号

摘　要	总账科目	明细科目	记账√	借　方　金　额										记账√	贷　方　金　额									
				千	百	十	万	千	百	十	元	角	分		千	百	十	万	千	百	十	元	角	分
合　计																								

会计主管   记账   出纳   审核   制单

表技2-13   **记　账　凭　证**

　　　　　　　　　年　　月　　日　　　　　　　　　字第　　号

摘　要	总账科目	明细科目	记账√	借　方　金　额										记账√	贷　方　金　额									
				千	百	十	万	千	百	十	元	角	分		千	百	十	万	千	百	十	元	角	分
合　计																								

会计主管   记账   出纳   审核   制单

经长沙含新公司研究做出批示，财产物资盘盈盘亏的处理批复意见见表技2-14。

表技2-14

关于财产物资盘盈盘亏的处理批复

公司财务部：

　　经研究决定，对5月月末的财产进行清查，其清查的结果按以下方法核销：

　　盘盈的A化妆品10套，经查是由于计量差错造成的；盘亏的B护肤品10套，经查应由保管员负责赔偿。

财务专用章

2023年5月31日

要求：根据处理批复意见，编制记账凭证（见表技2-15和表技2-16，假定不考虑相关税费，制单人略）。

表技2-15

记 账 凭 证

年　月　日　　　　　　　　　　字第　号

摘要	总账科目	明细科目	记账√	借方金额 千百十万千百十元角分	记账√	贷方金额 千百十万千百十元角分
合　计						

附件　张

会计主管　　　记账　　　出纳　　　审核　　　制单

表技2-16

记 账 凭 证

年　月　日　　　　　　　　　　字第　号

摘要	总账科目	明细科目	记账√	借方金额 千百十万千百十元角分	记账√	贷方金额 千百十万千百十元角分
合　计						

附件　张

会计主管　　　记账　　　出纳　　　审核　　　制单

6.长沙盛兴公司（小企业）2023年1月1日和2023年6月30日结账后各账户余额见表技2-17。

要求：根据账户余额表，编制2023年6月份资产负债表（见表技2-18）。

表技2-17   账户余额表   单位：元

账户名称	2023年1月1日借方余额	2023年6月30日借方余额	账户名称	2023年1月1日贷方余额	2023年6月30日贷方余额
库存现金	1 800	2 400	累计折旧	100 000	240 000
银行存款	1 254 870	943 122	累计摊销	20 000	20 000
其他货币资金	9 000	9 000	短期借款	271 000	60 000
短期借款	13 500	24 000	应付票据	90 000	120 000
应收票据	269 190	55 200	应付账款	858 420	1 144 560
应收账款	222 400	720 000	其他应付款	45 000	157 060
预付账款	90 000	120 000	应付职工薪酬	99 000	216 000
其他应收款	4 500	6 000	应交税费	27 000	240 000
原材料	450 600	540 000	应付利息	900	32 077.2
周转材料	50 000	45 660	应付利润	5 940	38 659
库存商品	1 821 400	2 546 880	长期借款	540 000	1 392 000
长期股权投资	225 000	300 000	实收资本	5 400 000	6 000 000
固定资产	1 090 000	2 881 200	盈余公积	90 000	149 724.5
工程物资	1 350 000	180 000	利润分配	45 000	228 861.3
在建工程	0	693 600			
无形资产	560 000	720 000			
长期待摊费用	80 000	11 880			
其他非流动资产	100 000	240 000			
合　计	7 592 260	10 038 942	合　计	7 592 260	10 038 942

表技 2-18　　　　　　　　　　　　**资产负债表（简表）**　　　　　　　　　　会小企01表
编制单位：　　　　　　　　　　　　　　年　月　日　　　　　　　　　　　　　　单位：元

资　　产	行次	期末余额	年初余额	负债和所有者权益（或股东权益）	行次	期末余额	年初余额
流动资产：				流动负债：			
货币资金	1			短期借款	31		
短期投资	2			应付票据	32		
应收票据	3			应付账款	33		
应收账款	4			预收账款	34		
预付账款	5			应付职工薪酬	35		
应收股利	6			应交税费	36		
应收利息	7			应付利息	37		
其他应收款	8			应付利润	38		
存货	9			其他应付款	39		
其中：原材料	10			其他流动负债	40		
在产品	11			流动负债合计	41		
库存商品	12			非流动负债：			
周转材料	13			长期借款	42		
其他流动资产	14			长期应付款	43		
流动资产合计	15			递延收益	44		
非流动资产：				其他非流动负债	45		
债权投资	16			非流动负债合计	46		
长期股权投资	17			负债合计	47		
固定资产原价	18						
减：累计折旧	19						
固定资产账面价值	20						
在建工程	21						
工程物资	22						
固定资产清理	23						
生产性生物资产	24			所有者权益（或股东权益）：			
无形资产	25			实收资本（或股本）	48		
开发支出	26			资本公积	49		
长期待摊费用	27			盈余公积	50		
其他非流动资产	28			未分配利润	51		
非流动资产合计	29			所有者权益（或股东权益）合计	52		
资产总计	30			负债和所有者权益（或股东权益）总计	53		

各部分习题参考答案

项目一 财产物资

一、单项选择题

题号	1	2	3	4	5	6	7	8	9	10
答案	A	A	A	A	C	C	A	B	A	C
题号	11	12	13	14	15	16	17	18	19	20
答案	A	D	C	D	A	B	D	A	C	B
题号	21	22	23	24	25	26	27	28	29	30
答案	C	D	D	A	B	B	B	A	D	D
题号	31	32	33	34	35	36	37	38	39	40
答案	A	C	D	A	A	D	A	D	B	A

二、多项选择题

题号	1	2	3	4	5	6	7	8	9	10
答案	ABC	ABC	ABCD	ABCD	CD	ACD	ACD	ABC	ABCD	ABD
题号	11	12	13	14	15	16	17	18	19	20
答案	ACD	ABD	ACD	ABCD	BC	AB	AC	BCD	CD	ABD
题号	21	22	23	24	25	26	27	28	29	30
答案	ABCD	ABD	ABCD	BCD	AC	AB	ABD	ABC	ABC	BCD
题号	31	32	33	34	35	36	37	38	39	40
答案	ABCD	ABCD	ACD	ABC	ABCD	BCD	AD	ABCD	ABC	ABC

三、判断题

题号	1	2	3	4	5	6	7	8	9	10
答案	√	√	×	√	√	√	√	×	√	×
题号	11	12	13	14	15	16	17	18	19	20
答案	×	√	√	×	×	√	√	×	×	√
题号	21	22	23	24	25	26	27	28	29	30
答案	√	√	√	√	√	√	×	√	×	×

四、实务题

1.
（1）借：原材料——棉布   57 500
　　　　应交税费——应交增值税（进项税额）   7 280
　　　　　贷：银行存款   64 780
（2）借：原材料——H材料   63 800
　　　　应交税费——应交增值税（进项税额）   8 060
　　　　　贷：应付票据——银行承兑汇票   71 860
（3）借：在途物资——乙公司   45 500
　　　　应交税费——应交增值税（进项税额）   5 850
　　　　　贷：银行存款   51 350
9天后：
借：原材料——S材料   45 500
　贷：在途物资——乙公司   45 500
（4）借：原材料——D材料   13 000
　　　　应交税费——应交增值税（进项税额）   1 690
　　　　　贷：应付账款——光明公司   14 690
8天后：
借：应付账款——光明公司   14 690
　贷：银行存款   14 690
（5）借：原材料——B材料   21 242
　　　　　贷：银行存款   21 242

2.
（1）借：材料采购   144 000
　　　　应交税费——应交增值税（进项税额）   18 720
　　　　　贷：银行存款   162 720

（2）借：材料采购   166 820

    应交税费——应交增值税（进项税额）   21 630

    贷：银行存款   188 450

（3）借：材料采购   41 000

    应交税费——应交增值税（进项税额）   5 330

    贷：应付账款   46 330

（4）借：原材料——甲材料   337 000

    ——乙材料   160 120

    贷：材料采购   497 120

借：材料成本差异   20 270

    贷：材料采购   20 270

以上两笔分录也可以合并为一笔分录：

借：原材料——甲材料   337 000

    ——乙材料   160 120

    材料成本差异   20 270

    贷：材料采购   517 390

3.

（1）发出：

借：生产成本——男上衣   653 830

    贷：原材料——棉布   653 830

结转：

653 830×4%=26 153.2（元）

借：生产成本——男上衣   26 153.2

    贷：材料成本差异   26 153.2

本月发出材料实际成本=653 830+653 830×4%=679 983.2（元）

（2）①入库：

借：原材料   36 000

    贷：材料采购   36 000

结转：

借：材料成本差异   1 000

    贷：材料采购   1 000

②成本差异率=（500+1 000）÷（40 000+36 000）=0.0197

发出材料应负担的差异=0.0197×45 000=886.5（元）

③发出：

借：生产成本   45 000

    贷：原材料   45 000

结转：

借：生产成本   886.5

    贷：材料成本差异   886.5

4.
（1）购进：

借：周转材料——低值易耗品	23 200
应交税费——应交增值税（进项税额）	3 016
贷：银行存款	26 216

领用：

借：制造费用	2 950
贷：周转材料——低值易耗品	2 950

（2）购进：

借：周转材料——包装物	8 530
应交税费——应交增值税（进项税额）	1 108.9
贷：银行存款	9 638.9

领用：

借：生产成本	5 730
贷：周转材料——包装物	5 730

（3）结转：

借：库存商品——男上衣	125 460
贷：生产成本——男上衣	125 460

发出：

借：主营业务成本	117 800
贷：库存商品	117 800

（4）加权平均单价=（72 000+414 800）÷（600+3 400）=121.7（元/件）

销售成本=121.7×3 500=425 950（元）

月末结存成本=72 000+414 800−425 950=60 850（元）

入库：

借：库存商品——A产品	414 800
贷：生产成本——A产品	414 800

结转：

借：主营业务成本	425 950
贷：库存商品	425 950

5.
（1）

借：固定资产——复印机	45 182
应交税费——应交增值税（进项税额）	5 868
贷：银行存款	51 050

（2）

借：在建工程	481 000
应交税费——应交增值税（进项税额）	62 400
贷：银行存款	543 400

（3）

借：在建工程	900
贷：原材料	900

（4）借：在建工程   1 000

      贷：应付职工薪酬——工资、奖金、津贴和补贴   1 000

（5）借：在建工程   300

      贷：银行存款   300

（6）借：固定资产   483 200

      贷：在建工程   483 200

6.

年折旧额=［200 000-（10 000-2 000）］÷8=24 000（元）

月折旧额=24 000÷12=2 000（元）

年折旧率=24 000÷200 000×100%=12%

月折旧率=2 000÷200 000×100%=1%

7.

（1）房屋建筑物折旧额=1 080 000×0.15%=1 620（元）

机器设备折旧额=4 500 000×0.76%=34 200（元）

9 月固定资产折旧额=1 620+34 200=35 820（元）

（2）借：制造费用   35 820

      贷：累计折旧   35 820

8.

（1）转入：

借：固定资产清理   630 000

    累计折旧   450 000

  贷：固定资产   1 080 000

支付：

借：固定资产清理   500

  贷：银行存款   500

收到：

借：银行存款   784 800

  贷：固定资产清理   720 000

    应交税费——应交增值税（销项税额）   64 800

结转：

借：固定资产清理   89 500

  贷：资产处置损益   89 500

（2）转入：

借：固定资产清理   327 600

    累计折旧   32 400

  贷：固定资产   360 000

支付：

借：固定资产清理   300

  贷：库存现金   300

收到：

借：原材料	700	
贷：固定资产清理		700

结转：

借：资产处置损益	327 200	
贷：固定资产清理		327 200

（3）转入：

借：固定资产清理	46 800	
累计折旧	23 400	
贷：固定资产		70 200
借：其他应收款——保险公司	40 000	
贷：固定资产清理		40 000

收到：

借：银行存款	600	
贷：固定资产清理		600

发生：

借：固定资产清理	300	
贷：银行存款		300

结转：

借：营业外支出	6 500	
贷：固定资产清理		6 500

9.

借：待处理财产损溢——待处理固定资产损溢	8 000	
累计折旧	10 000	
贷：固定资产		18 000
借：营业外支出	8 000	
贷：待处理财产损溢——待处理固定资产损溢		8 000

10.

购入：

借：无形资产——专利权	100 000	
应交税费——应交增值税（进项税额）	6 000	
贷：银行存款		106 000

按年摊销时：

借：管理费用	10 000	
贷：累计摊销		10 000

转让使用权取得收入：

借：银行存款	5 300	
贷：其他业务收入		5 000
应交税费——应交增值税（销项税额）		300

摊销：

借：其他业务成本 10 000

　　贷：累计摊销 10 000

11.

购入：

借：无形资产——专利权 200 000

　　贷：银行存款 200 000

摊销：

借：管理费用 40 000

　　贷：累计摊销 40 000

出售：

借：银行存款 100 000

　　累计摊销 80 000

　　资产处置损益 26 000

　　贷：无形资产——专利权 200 000

　　　　应交税费——应交增值税（销项税额） 6 000

12.

（1）借：无形资产——专利权 312 000

　　　　贷：银行存款 312 000

（2）借：无形资产——商标权 150 000

　　　　贷：实收资本 150 000

（3）借：研发支出——费用化支出 30 000

　　　　　　　　——资本化支出 120 000

　　　　贷：银行存款 70 000

　　　　　　原材料 50 000

　　　　　　应付职工薪酬——工资、奖金、津贴和补贴 30 000

借：管理费用 30 000

　　贷：研发支出——费用化支出 30 000

借：无形资产 120 000

　　贷：研发支出——资本化支出 120 000

（4）借：银行存款 42 400

　　　　贷：其他业务收入 40 000

　　　　　　应交税费——应交增值税（销项税额） 2 400

借：其他业务成本 10 000

　　贷：银行存款 10 000

五、操作题

1.

（1）略

（2）借：生产成本——男上衣   292 500

           ——女上衣   182 000

     制造费用   1 900

     管理费用   4 400

       贷：原材料——A材料   286 900

                ——B材料   180 400

                ——C材料   13 500

2.

（1）先进先出法：

发出材料成本=$200×22+50×22+300×23+110×23+210×25=20\ 180$（元）

结存材料成本=$150×25=3\ 750$（元）

（2）略

3.

（1）加权平均单位成本=$（6\ 000+9\ 920+11\ 550）÷（200+310+350）=31.94$（元/米）

发出成本=$31.94×（400+320）=22\ 996.8$（元）

结存成本=$6\ 000+9\ 920+11\ 550-22\ 996.8=4\ 473.2$（元）

（2）略

4.

（1）加权平均单位成本=$（720×132+2\ 980×135）÷3\ 700=134.42$（元/件）

发出成本=$134.42×2\ 800=376\ 376$（元）

结存成本=$720×132+402\ 300-376\ 376=120\ 964$（元）

（2）略

5.

（1）借：库存商品——丙商品   35

      贷：待处理财产损溢——待处理流动资产损溢   35

借：待处理财产损溢——待处理流动资产损溢   56

  贷：库存商品——甲商品   56

（2）批准前：

借：库存商品——B商品   88

   贷：待处理财产损溢——待处理流动资产损溢   88

批准后：

借：待处理财产损溢——待处理流动资产损溢   88

   贷：营业外收入   88

（3）批准前：

借：原材料   630

   贷：待处理财产损溢——待处理流动资产损溢   630

批准后：

借：待处理财产损溢——待处理流动资产损溢   630

   贷：营业外收入   630

（4）批准前：

借：待处理财产损溢——待处理流动资产损溢 1 150
　　贷：库存商品 420
　　　　原材料 730

批准后：

借：其他应收款 730
　　营业外支出 420
　　　贷：待处理财产损溢——待处理流动资产损溢 1 150

（5）批准前：

借：待处理财产损溢——待处理流动资产损溢 2 034
　　贷：原材料 1 800
　　　　应交税费——应交增值税（进项税额转出） 234

批准后：

借：其他应收款 2 034
　　贷：待处理财产损溢——待处理流动资产损溢 2 034

6.

机器设备月折旧额=（250 000-1 000）÷5÷12=4 150（元）

投影仪月折旧额=（12 000-500）÷4÷12=239.58（元）

借：制造费用 4 150
　　管理费用 239.58
　　贷：累计折旧 4 389.58

7.

借：固定资产 50 000
　　应交税费——应交增值税（进项税额） 6 500
　　贷：银行存款 56 500

项目二　往来款项

一、单项选择题

题号	1	2	3	4	5	6	7	8	9	10
答案	D	A	B	B	B	D	A	B	B	C
题号	11	12	13	14	15	16	17	18	19	20
答案	C	A	D	C	D	C	B	C	A	B
题号	21	22	23	24	25	26	27	28	29	30
答案	B	D	A	C	A	B	C	D	C	C

二、多项选择题

题号	1	2	3	4	5	6	7	8	9	10
答案	AC	BCD	ABD	AB	ABC	ABCD	ABD	BC	ABCD	ABD
题号	11	12	13	14	15	16	17	18	19	20
答案	ABCD	ACD	ABCD	AC	AB	AB	ABD	AD	ABCD	ABCD
题号	21	22	23	24	25					
答案	ABCD	ACD	ACD	ABC	ABD					

三、判断题

题号	1	2	3	4	5	6	7	8	9	10
答案	×	√	×	√	×	√	×	×	√	×
题号	11	12	13	14	15	16	17	18	19	20
答案	√	×	√	√	×	×	×	×	×	×

四、计算分录题

1.

（1）购买材料：

借：原材料　　　　　　　　　　　　　　　　　　　　　　　100 000

　　应交税费——应交增值税（进项税额）　　　　　　　　　13 000

　　　贷：应付账款——万城工厂　　　　　　　　　　　　　　　　　113 000

（2）支付货款：

借：应付账款——万城工厂　　　　　　　　　　　　　　　113 000

　　　贷：银行存款　　　　　　　　　　　　　　　　　　　　　　　113 000

2.

（1）支付手续费：

借：财务费用　　　　　　　　　　　　　　　　　　　　　　11.7

　　　贷：银行存款　　　　　　　　　　　　　　　　　　　　　　　11.7

（2）购买材料：

借：原材料　　　　　　　　　　　　　　　　　　　　　　　20 000

　　应交税费——应交增值税（进项税额）　　　　　　　　　2 600

　　　贷：应付票据　　　　　　　　　　　　　　　　　　　　　　　22 600

（3）到期支付票款：

借：应付票据 22 600

　　贷：银行存款 22 600

（4）到期无力偿还：

借：应付票据 22 600

　　贷：短期借款 22 600

3.

（1）收到预收款项：

借：银行存款 50 000

　　贷：预收账款——光明公司 50 000

（2）发出商品，确认收入：

借：预收账款——光明公司 56 500

　　贷：主营业务收入 50 000

　　　　应交税费——应交增值税（销项税额） 6 500

（3）结清余款：

借：银行存款 6 500

　　贷：预收账款——光明公司 6 500

4.

（1）收到押金：

借：银行存款 1 800

　　贷：其他应付款 1 800

（2）退还押金：

借：其他应付款 1 800

　　贷：银行存款 1 800

（3）分配包装物租金：

借：制造费用 2 100

　　贷：其他应付款 2 100

5.

（1）销售商品：

借：应收账款 101 700

　　贷：主营业务收入 90 000

　　　　应交税费——应交增值税（销项税额） 11 700

（2）收回应收款项：

借：银行存款 101 700

　　贷：应收账款 101 700

（3）销售商品：

借：应收账款 56 500

　　贷：主营业务收入 50 000

　　　　应交税费——应交增值税（销项税额） 6 500

（4）10日内收到：

借：银行存款　　　　　　　　　　　　　　　　　　　　55 370

　　财务费用　　　　　　　　　　　　　　　　　　　　 1 130

　　　贷：应收账款　　　　　　　　　　　　　　　　　　　　　 56 500

（5）11日至20日内收到：

借：银行存款　　　　　　　　　　　　　　　　　　　　55 935

　　财务费用　　　　　　　　　　　　　　　　　　　　　 565

　　　贷：应收账款　　　　　　　　　　　　　　　　　　　　　 56 500

（6）超过折扣期限收到：

借：银行存款　　　　　　　　　　　　　　　　　　　　56 500

　　　贷：应收账款　　　　　　　　　　　　　　　　　　　　　 56 500

6.

（1）销售商品：

借：应收票据——新大企业　　　　　　　　　　　　　113 000

　　　贷：主营业务收入　　　　　　　　　　　　　　　　　　　100 000

　　　　　应交税费——应交增值税（销项税额）　　　　　　　 13 000

（2）票据抵付货款：

借：应收票据——红星企业　　　　　　　　　　　　　 60 000

　　　贷：应收账款　　　　　　　　　　　　　　　　　　　　　 60 000

（3）收到票据款：

借：银行存款　　　　　　　　　　　　　　　　　　　113 000

　　　贷：应收票据——新大企业　　　　　　　　　　　　　　 113 000

（4）购买材料：

借：应收票据——红星企业　　　　　　　　　　　　　　 400

　　　贷：财务费用　　　　　　　　　　　　　　　　　　　　　　 400

借：原材料　　　　　　　　　　　　　　　　　　　　 50 000

　　应交税费——应交增值税（进项税额）　　　　　　　 6 500

　　银行存款（3 500+60 000×8%×3/12）　　　　　　 4 700

　　　贷：应收票据——红星企业（60 000+60 000×8%×1/12）　 60 400

　　　　　财务费用（60 000×8%×2/12）　　　　　　　　　　　　 800

7.

（1）销售商品：

借：应收账款——甲公司　　　　　　　　　　　　　　 22 600

　　　贷：主营业务收入　　　　　　　　　　　　　　　　　　　 20 000

　　　　　应交税费——应交增值税（销项税额）　　　　　　　　 2 600

（2）收到款项：

借：银行存款　　　　　　　　　　　　　　　　　　　 22 400

　　财务费用　　　　　　　　　　　　　　　　　　　　　 200

　　　贷：应收账款——甲公司　　　　　　　　　　　　　　　　 22 600

五、实训题

1.销售商品

借：应收账款——长沙华强公司　　　　　　　　　　　　　42 680

　　贷：主营业务收入　　　　　　　　　　　　　　　　　　36 000

　　　　应交税费——应交增值税（销项税额）　　　　　　　4 680

　　　　银行存款　　　　　　　　　　　　　　　　　　　　2 000

2.收到货款

借：银行存款　　　　　　　　　　　　　　　　　　　　　42 680

　　贷：应收账款——长沙华强公司　　　　　　　　　　　　42 680

3.预借差旅费

借：其他应收款——王庆军　　　　　　　　　　　　　　　5 000

　　贷：银行存款　　　　　　　　　　　　　　　　　　　　5 000

4.缴纳税费

借：应交税费——应交增值税（已交税金）　　　　　　　　48 000

　　贷：银行存款　　　　　　　　　　　　　　　　　　　　48 000

项目三　对外投资

一、单项选择题

题号	1	2	3	4	5	6	7	8	9	10
答案	C	B	A	B	C	B	C	B	A	B
题号	11	12	13	14	15					
答案	B	B	D	C	A					

二、多项选择题

题号	1	2	3	4	5	6	7	8	9	10
答案	BD	AB	AB	ABC	ACD	ABD	ABC	ABCD	ABC	ABCD
题号	11	12	13	14	15	16	17	18	19	20
答案	ABC	ABCD	AD	ABCD	AD	AB	CD	AD	ACD	BD

三、判断题

题号	1	2	3	4	5	6	7	8	9	10
答案	√	×	√	√	×	√	√	×	×	√
题号	11	12	13	14	15	16	17	18	19	20
答案	×	×	√	√	×	√	√	×	√	×

四、计算分录题

1.

（1）2023年1月1日，划入资金：

借：其他货币资金——存出投资款　　　　　　　　　　200 000

　　贷：银行存款　　　　　　　　　　　　　　　　　　　　200 000

（2）2023年4月9日，购入股票：

借：短期投资　　　　　　　　　　　　　　　　　　150 200

　　贷：其他货币资金——存出投资款　　　　　　　　　　　150 200

（3）2023年4月25日，宣告派发现金股利：

借：应收股利　　　　　　　　　　　　　　　　　　3 000

　　贷：投资收益　　　　　　　　　　　　　　　　　　　　3 000

2023年5月12日，收到现金股利：

借：其他货币资金——存出投资款　　　　　　　　　3 000

　　贷：应收股利　　　　　　　　　　　　　　　　　　　　3 000

（4）2023年6月1日，出售股票：

借：其他货币资金——存出投资款　　　　　　　　　145 000

　　投资收益　　　　　　　　　　　　　　　　　　5 200

　　贷：短期投资　　　　　　　　　　　　　　　　　　　　150 200

2.

（1）1月1日，购入债券：

借：短期投资　　　　　　　　　　　　　　　　　　81 600

　　应收利息　　　　　　　　　　　　　　　　　　2 000

　　贷：银行存款　　　　　　　　　　　　　　　　　　　　83 600

（2）3月15日，收到利息：

借：银行存款　　　　　　　　　　　　　　　　　　2 000

　　贷：应收利息　　　　　　　　　　　　　　　　　　　　2 000

（3）6月30日，计提利息：

借：应收利息　　　　　　　　　　　　　　　　　　2 000

　　贷：投资收益　　2 000

（4）7月13日，收到计提利息：

借：银行存款　　2 000

　　贷：应收利息　　2 000

（5）7月25日，出售债券：

借：银行存款　　83 160

　　贷：短期投资　　81 600

　　　　投资收益　　1 560

3.

（1）购入债券：

借：债权投资——面值　　600 000

　　贷：银行存款　　600 000

每年年末计息（两次）：

借：债权投资——应计利息　　48 000

　　贷：投资收益　　48 000

到期如数收回：

借：银行存款　　696 000

　　贷：债权投资——面值　　600 000

　　　　　　——应计利息　　96 000

（2）购入债券：

借：债权投资——面值　　80 000

　　贷：银行存款　　80 000

2021年、2022年年末计息：

借：应收利息　　7 200

　　贷：投资收益　　7 200

每年收到利息：

借：银行存款　　7 200

　　贷：应收利息　　7 200

到期收回本金和最后一次利息：

借：银行存款　　87 200

　　贷：债权投资——面值　　80 000

　　　　应收利息　　7 200

4.

（1）购入股票：

借：长期股权投资　　252 000

　　贷：银行存款　　252 000

宣告分派现金股利：

借：应收股利　　10 000

　　贷：投资收益　　10 000

收到现金股利：

借：银行存款   10 000

    贷：应收股利   10 000

（2）购入股票：

借：长期股权投资   185 000

    应收股利   35 000

    贷：银行存款   220 000

收到现金股利：

借：银行存款   35 000

    贷：应收股利   35 000

宣告分派现金股利：

借：应收股利   36 000

    贷：投资收益   36 000

收到现金股利：

借：银行存款   36 000

    贷：应收股利   36 000

出售股票：

借：银行存款   227 000

    贷：长期股权投资   185 000

        投资收益   42 000

五、实训题

1.借：其他货币资金——存出投资款   220 000

    贷：银行存款   220 000

2.借：短期投资   220 000

    贷：其他货币资金——存出投资款   220 000

项目四　工资薪酬

一、单项选择题

题号	1	2	3	4	5	6	7	8	9	10
答案	C	B	A	C	A	A	B	B	A	A

二、多项选择题

题号	1	2	3	4	5	6	7	8	9	10
答案	ABCD	ABC	ABCD	ABCD	ABCD	AD	ABCD	ABC	ABCD	ACD

三、判断题

题号	1	2	3	4	5	6	7	8	9	10
答案	×	√	√	×	×	√	√	×	×	×

四、计算分录题

1.

（1）分配工资：

借：生产成本 564 000
　　制造费用 70 500
　　管理费用 176 250
　　销售费用 188 000
　　在建工程 293 750
　　贷：应付职工薪酬——工资、奖金、津贴和补贴 1 100 000
　　　　　　　　　　——职工福利费 154 000
　　　　　　　　　　——工会经费和职工教育经费（工会经费） 22 000
　　　　　　　　　　——工会经费和职工教育经费（职工教育经费） 16 500

（2）借：管理费用 104 000
　　　　贷：应付职工薪酬——非货币性福利 104 000

借：应付职工薪酬——非货币性福利 104 000
　　贷：累计折旧 24 000
　　　　银行存款 80 000

（3）借：管理费用 1 340 000
　　　　贷：应付职工薪酬——辞退福利 1 340 000

（4）借：应付职工薪酬——职工福利费 6 780
　　　　贷：原材料 6 000
　　　　　　应交税费——应交增值税（进项税额转出） 780

（5）借：应付职工薪酬——工会经费和职工教育经费（工会经费） 2 580
　　　　贷：银行存款 2 580

（6）借：应付职工薪酬——工会经费和职工教育经费（职工教育经费） 800

贷：库存现金	800

2.借：生产成本　2 034 000
　　管理费用　452 000
　　贷：应付职工薪酬——非货币性福利　2 486 000
借：应付职工薪酬——非货币性福利　2 486 000
　　贷：主营业务收入　2 200 000
　　　　应交税费——应交增值税（销项税额）　286 000
借：主营业务成本　1 760 000
　　贷：库存商品　1 760 000

五、实训题

1.略
2.提现：
借：库存现金　86 204
　　贷：银行存款　86 204
发放工资：
借：应付职工薪酬　86 204
　　贷：库存现金　86 204
结转代扣款：
借：应付职工薪酬——工资、奖金、津贴和补贴　26 416
　　贷：其他应付款——保险费　9 070
　　　　　　　　　——住房公积金　9 740
　　　　应交税费——应交个人所得税　7 606
分配工资：
借：生产成本——基本生产成本　47 820
　　　　　　——辅助生产成本　16 220
　　制造费用　21 660
　　管理费用　20 900
　　销售费用　6 020
　　贷：应付职工薪酬——工资、奖金、津贴和补贴　112 620
3.略
4.计提相关附加费：
借：生产成本——基本生产成本　26 061.9
　　　　　　——辅助生产成本　8 839.9
　　制造费用　11 804.7
　　管理费用　11 390.5
　　销售费用　3 280.9
　　贷：应付职工薪酬——职工福利费　5 631

　　　贷：应付职工薪酬——社会保险费　　　　　　　　　　　　　　　50 679
　　　　　　　　——工会经费和职工教育经费（工会经费）　　　　　2 252.4
　　　　　　　　——工会经费和职工教育经费（职工教育经费）　　　2 815.5
　　上缴保险费：
　　借：应付职工薪酬——社会保险费　　　　　　　　　　　　　　　50 679
　　　　其他应付款——保险费　　　　　　　　　　　　　　　　　　　9 070
　　　　贷：银行存款　　　　　　　　　　　　　　　　　　　　　　59 749
　　拨付工会经费：
　　借：应付职工薪酬——工会经费和职工教育经费（工会经费）　　　2 252.4
　　　　贷：银行存款　　　　　　　　　　　　　　　　　　　　　　2 252.4

项目五　财务成果

一、单项选择题

题号	1	2	3	4	5	6	7	8	9	10
答案	C	B	B	A	C	A	D	C	A	D
题号	11	12	13	14	15	16	17	18	19	20
答案	B	B	B	D	C	C	B	B	A	A
题号	21	22	23	24	25	26	27	28	29	30
答案	C	D	D	C	C	A	A	D	B	A
题号	31	32	33	34	35					
答案	C	D	D	B	C					

二、多项选择题

题号	1	2	3	4	5	6	7	8	9	10
答案	ABD	AD	AD	AC	ABCD	ABC	BCD	AB	ABC	ACD
题号	11	12	13	14	15	16	17	18	19	20
答案	ABC	BCD	BCD	ABC	ABCD	AC	ABD	ABC	ABC	AC
题号	21	22	23	24	25	26				
答案	CD	BC	BD	ABD	ABC	ACD				

三、判断题

题号	1	2	3	4	5	6	7	8	9	10
答案	√	×	×	×	√	×	×	√	√	×
题号	11	12	13	14	15	16	17	18	19	20
答案	√	×	×	×	√	√	√	×	√	√
题号	21	22	23	24	25					
答案	√	√	×	×	√					

四、计算分录题

1.

（1）①销售：

借：应收账款 56 500

　　贷：主营业务收入 50 000

　　　　应交税费——应交增值税（销项税额） 6 500

②结转销售成本：

借：主营业务成本 26 000

　　贷：库存商品——A商品 26 000

③收款：

借：银行存款 55 500

　　财务费用 1 000

　　贷：应收账款 56 500

（2）销售退回：

借：主营业务收入 50 000

　　应交税费——应交增值税（销项税额） 6 500

　　贷：银行存款 55 500

　　　　财务费用 1 000

借：库存商品——A商品 26 000

　　贷：主营业务成本 26 000

2.

（1）销售商品：

借：应收账款——菲力公司 2 034 000

　　贷：主营业务收入——A商品　　　　　　　　　　　　　　　　　　　1 800 000

　　　　应交税费——应交增值税（销项税额）　　　　　　　　　　　　　234 000

（2）①5月9日收到货款：

借：银行存款　　　　　　　　　　　　　　　　　　　　　　　　　　1 998 000

　　财务费用　　　　　　　　　　　　　　　　　　　　　　　　　　　　36 000

　　贷：应收账款——菲力公司　　　　　　　　　　　　　　　　　　　2 034 000

②5月18日收到货款：

借：银行存款　　　　　　　　　　　　　　　　　　　　　　　　　　2 016 000

　　财务费用　　　　　　　　　　　　　　　　　　　　　　　　　　　　18 000

　　贷：应收账款——菲力公司　　　　　　　　　　　　　　　　　　　2 034 000

③5月27日收到货款：

借：银行存款　　　　　　　　　　　　　　　　　　　　　　　　　　2 034 000

　　贷：应收账款——菲力公司　　　　　　　　　　　　　　　　　　　2 034 000

3.

完工程度=36÷60×100%=60%

确认：

借：预收账款　　　　　　　　　　　　　　　　　　　　　　　　　　　600 000

　　贷：主营业务收入　　　　　　　　　　　　　　　　　　　　　　　　600 000

结转：

借：主营业务成本　　　　　　　　　　　　　　　　　　　　　　　　　360 000

　　贷：劳务成本　　　　　　　　　　　　　　　　　　　　　　　　　　360 000

4.

（1）赊销：

借：应收账款——利达小企业　　　　　　　　　　　　　　　　　　　　22 600

　　贷：主营业务收入　　　　　　　　　　　　　　　　　　　　　　　　20 000

　　　　应交税费——应交增值税（销项税额）　　　　　　　　　　　　　2 600

结转：

借：主营业务成本　　　　　　　　　　　　　　　　　　　　　　　　　12 000

　　贷：库存商品——A产品　　　　　　　　　　　　　　　　　　　　　12 000

（2）折让：

借：主营业务收入　　　　　　　　　　　　　　　　　　　　　　　　　　1 000

　　应交税费——应交增值税（销项税额）　　　　　　　　　　　　　　　　130

　　贷：应收账款——利达小企业　　　　　　　　　　　　　　　　　　　1 130

收到：

借：银行存款　　　　　　　　　　　　　　　　　　　　　　　　　　　21 470

　　贷：应收账款——利达小企业　　　　　　　　　　　　　　　　　　　21 470

（3）发货：

借：银行存款　　　　　　　　　　　　　　　　　　　　　　　　　　　12 000

　　贷：预收账款——利康小企业　　　　　　　　　　　　　　　　　　　12 000

（4）销售：

借：应收票据——银行承兑汇票　　　　　　　　　　　　　　22 600

　　贷：其他业务收入　　　　　　　　　　　　　　　　　　　　　20 000

　　　　应交税费——应交增值税（销项税额）　　　　　　　　　　2 600

结转：

借：其他业务成本　　　　　　　　　　　　　　　　　　　　16 000

　　贷：原材料　　　　　　　　　　　　　　　　　　　　　　　　16 000

（5）退回：

借：主营业务收入　　　　　　　　　　　　　　　　　　　　20 000

　　应交税费——应交增值税（销项税额）　　　　　　　　　　2 600

　　贷：应收账款——利达小企业　　　　　　　　　　　　　　　　22 600

结转：

借：库存商品——A产品　　　　　　　　　　　　　　　　　　12 000

　　贷：主营业务成本　　　　　　　　　　　　　　　　　　　　　12 000

（6）收到：

借：银行存款　　　　　　　　　　　　　　　　　　　　　　636 000

　　贷：其他业务收入　　　　　　　　　　　　　　　　　　　　　600 000

　　　　应交税费——应交增值税（销项税额）　　　　　　　　　　36 000

（7）转入清理：

借：固定资产清理　　　　　　　　　　　　　　　　　　　　100 000

　　累计折旧　　　　　　　　　　　　　　　　　　　　　　200 000

　　贷：固定资产　　　　　　　　　　　　　　　　　　　　　　　300 000

收取款项：

借：银行存款　　　　　　　　　　　　　　　　　　　　　　50 000

　　贷：固定资产清理　　　　　　　　　　　　　　　　　　　　　50 000

支付：

借：固定资产清理　　　　　　　　　　　　　　　　　　　　4 000

　　贷：银行存款　　　　　　　　　　　　　　　　　　　　　　　4 000

结转：

借：资产处置损益　　　　　　　　　　　　　　　　　　　　54 000

　　贷：固定资产清理　　　　　　　　　　　　　　　　　　　　　54 000

（8）转让：

借：银行存款　　　　　　　　　　　　　　　　　　　　　1 696 000

　　累计摊销　　　　　　　　　　　　　　　　　　　　　　500 000

　　贷：无形资产——专利权　　　　　　　　　　　　　　　　　2 000 000

　　　　应交税费——应交增值税（销项税额）　　　　　　　　　　96 000

　　　　资产处置损益　　　　　　　　　　　　　　　　　　　　　100 000

5.

（1）支付利息：

借：财务费用   50 000

  贷：银行存款   50 000

（2）发生日常修理费：

借：管理费用   1 000

  贷：银行存款   1 000

（3）发生职工教育经费：

借：应付职工薪酬——职工教育经费   17 000

  贷：银行存款   17 000

（4）支付广告宣传费：

借：销售费用   8 000

  贷：银行存款   8 000

（5）捐赠支出：

借：营业外支出   4 000

  贷：库存现金   4 000

（6）支付车间水电费：

借：制造费用   16 000

  贷：银行存款   16 000

（7）支付各项税收罚款及滞纳金：

借：营业外支出   2 900

  贷：银行存款   2 900

（8）购买办公用品：

借：管理费用   100

  贷：库存现金   100

（9）缴纳资源税：

借：应交税费——应交资源税   4 600

  贷：银行存款   4 600

（10）支付财产保险费：

借：管理费用   3 260

  贷：银行存款   3 260

（11）支付诉讼费：

借：管理费用   640

  贷：银行存款   640

（12）支付业务招待费：

借：管理费用   14 800

  贷：库存现金   14 800

（13）支付销售产品运输费用：

借：销售费用   2 000

  贷：银行存款   2 000

（14）支付固定资产修理费用：

借：管理费用 10 000
  贷：银行存款 10 000
（15）分配：
借：生产成本 80 000
   制造费用 4 000
   管理费用 6 000
   销售费用 10 000
  贷：应付职工薪酬——工资 100 000
计提：
借：生产成本 11 200
   制造费用 560
   管理费用 840
   销售费用 1 400
  贷：应付职工薪酬——职工福利费 14 000
（16）摊销：
借：管理费用 8 000
  贷：累计摊销 8 000
（17）结转费用：
借：本年利润 122 940
  贷：管理费用 44 640
    销售费用 21 400
    财务费用 50 000
    营业外支出 6 900
6.
（1）借：固定资产清理 6 000
    贷：资产处置损益 6 000
（2）借：银行存款 2 000
    贷：营业外收入 2 000
（3）借：应付账款 10 000
    贷：营业外收入 10 000
（4）借：银行存款 4 000
    贷：其他业务收入 4 000
（5）借：营业外支出 38 000
    贷：待处理财产损溢 38 000
（6）借：营业外支出 3 000
    贷：银行存款 3 000
（7）借：营业外支出 800
    贷：库存现金 800

7.

（1）净利润=180-180×25%=135（万元）

（2）借：所得税费用 45

　　　贷：应交税费——应交所得税 45

借：本年利润 45

　贷：所得税费用 45

（3）借：本年利润 135

　　　贷：利润分配——未分配利润 135

借：利润分配——未分配利润 31.5

　贷：利润分配——提取法定盈余公积 13.5

　　　　　　——应付利润 18

8.

（1）营业利润=120 000+7 500-60 000-5 400-2 600-8 000-2 000-4 500+1 500=46 500（元）

利润总额=46 500+3 500-1 000=49 000（元）

（2）借：主营业务收入 120 000

　　其他业务收入 7 500

　　营业外收入 3 500

　　投资收益 1 500

　贷：本年利润 132 500

借：本年利润 83 500

　贷：主营业务成本 60 000

　　其他业务成本 4 500

　　税金及附加 5 400

　　销售费用 2 600

　　管理费用 8 000

　　财务费用 2 000

　　营业外支出 1 000

五、操作题

1.

（1）见表5-2

（2）借：应收账款 158 200

　　　贷：主营业务收入——男上衣 80 000

　　　　　　　　——休闲裤 60 000

　　　应交税费——应交增值税（销项税额） 18 200

借：销售费用 850

　应交税费——应交增值税（进项税额） 76.5

　贷：库存现金 926.5

2.
（1）见表5-7
（2）借：管理费用   6 460
        贷：银行存款   6 460

项目六　筹资业务

一、单项选择题

题号	1	2	3	4	5	6	7	8	9	10
答案	D	C	D	C	C	C	B	A	B	D
题号	11	12	13	14	15					
答案	D	D	B	D	C					

二、多项选择题

题号	1	2	3	4	5	6	7	8	9	10
答案	AD	AC	BD	CD	ABD	ABC	ABCD	BCD	ACD	BCD

三、判断题

题号	1	2	3	4	5	6	7	8	9	10
答案	×	×	×	×	√	√	×	√	×	×
题号	11	12	13	14	15					
答案	×	√	√	×	×					

四、不定项选择题

1.D　2.AD　3.B　4.A　5.ABC

五、计算分录题

1.

（1）收到 A 公司投资：

借：固定资产　　　　　　　　　　　　　　　　　　　　　300

　　贷：实收资本——A 公司　　　　　　　　　　　　　　　　　　300

（2）收到 B 公司投资：

借：无形资产　　　　　　　　　　　　　　　　　　　　　100

　　固定资产　　　　　　　　　　　　　　　　　　　　　200

　　　贷：实收资本——B 公司　　　　　　　　　　　　　　　　300

（3）收到 C 公司投资：

借：银行存款　　　　　　　　　　　　　　　　　　　　　300

　　贷：实收资本——C 公司　　　　　　　　　　　　　　　　　300

2.

（1）收到 D 公司投资：

借：银行存款　　　　　　　　　　　　　　　　　　　　　400

　　贷：实收资本　　　　　　　　　　　　　　　　　　　　　300

　　　　资本公积——资本溢价　　　　　　　　　　　　　　　100

（2）收到 E 公司投资：

借：无形资产　　　　　　　　　　　　　　　　　　　　　400

　　贷：实收资本　　　　　　　　　　　　　　　　　　　　　300

　　　　资本公积——资本溢价　　　　　　　　　　　　　　　100

3.

取得：

借：银行存款　　　　　　　　　　　　　　　　　1 000 000

　　贷：长期借款　　　　　　　　　　　　　　　　　　1 000 000

计息：

借：在建工程　　　　　　　　　　　　　　　　　　100 000

　　贷：应付利息　　　　　　　　　　　　　　　　　　　100 000

4.

借：银行存款　　　　　　　　　　　　　　　　　　　　　300

　　无形资产　　　　　　　　　　　　　　　　　　　　　60

　　贷：实收资本——甲小企业　　　　　　　　　　　　　　200

　　　　　　　　——乙小企业　　　　　　　　　　　　　　160

5.

（1）借：在建工程　　　　　　　　　　　　　　　　130 000

　　　贷：营业外收入　　　　　　　　　　　　　　　　　100 000

　　　　　银行存款　　　　　　　　　　　　　　　　　　30 000

借：固定资产　　　　　　　　　　　　　　　　　130 000
　　贷：在建工程　　　　　　　　　　　　　　　　　　130 000
（2）借：固定资产　　　　　　　　　　　　　　　85 000
　　　　贷：实收资本　　　　　　　　　　　　　　　　85 000
（3）借：原材料　　　　　　　　　　　　　　　　70 000
　　　　　应交税费——应交增值税（进项税额）　　9 100
　　　　贷：实收资本　　　　　　　　　　　　　　　　79 100

6.
（1）2023 年 10 月月初借入：
借：银行存款　　　　　　　　　　　　　　　　　50 000
　　贷：短期借款　　　　　　　　　　　　　　　　　　50 000
（2）2023 年 10 月月末计息：
借：财务费用　　　　　　　　　　　　　　　　　250
　　贷：应付利息　　　　　　　　　　　　　　　　　　250
（3）2023 年 12 月月末付息：
借：应付利息　　　　　　　　　　　　　　　　　500
　　财务费用　　　　　　　　　　　　　　　　　250
　　贷：银行存款　　　　　　　　　　　　　　　　　　750
（4）2024 年 3 月月末归还：
借：短期借款　　　　　　　　　　　　　　　　　50 000
　　应付利息　　　　　　　　　　　　　　　　　500
　　财务费用　　　　　　　　　　　　　　　　　250
　　贷：银行存款　　　　　　　　　　　　　　　　　　50 750

六、实训题

1. 借款：
借：银行存款　　　　　　　　　　　　　　　　　100 000
　　贷：短期借款　　　　　　　　　　　　　　　　　　100 000
2. 计提利息：
借：财务费用　　　　　　　　　　　　　　　　　500
　　贷：应付利息　　　　　　　　　　　　　　　　　　500
3. 支付利息：
借：应付利息　　　　　　　　　　　　　　　　　1 500
　　贷：银行存款　　　　　　　　　　　　　　　　　　1 500
4. 归还借款：
借：短期借款　　　　　　　　　　　　　　　　　100 000
　　财务费用　　　　　　　　　　　　　　　　　500
　　应付利息　　　　　　　　　　　　　　　　　1 000
　　贷：银行存款　　　　　　　　　　　　　　　　　　101 500

项目七　财务报表

一、单项选择题

题号	1	2	3	4	5	6	7	8	9	10
答案	A	B	D	D	D	B	D	A	B	D
题号	11	12	13	14	15	16	17	18	19	20
答案	B	B	A	A	C	D	B	A	C	C
题号	21	22	23	24	25	26	27	28	29	30
答案	A	C	B	D	A	B	D	B	B	C

二、多项选择题

题号	1	2	3	4	5	6	7	8	9
答案	ABCD	ABD	BC	ABCD	BCD	AB	ABD	AD	ABCD
题号	10	11	12	13	14	15	16	17	18
答案	ABD	BCD	AC	ABCD	AB	ACD	ACD	AB	BCD
题号	19	20	21	22	23	24			
答案	ACD	BC	AB	ABCD	ABD	ABD			

三、判断题

题号	1	2	3	4	5	6	7	8	9	10
答案	√	√	√	√	×	×	×	×	√	×
题号	11	12	13	14	15	16	17	18	19	20
答案	√	√	×	√	×	√	√	×	√	√
题号	21	22	23	24	25					
答案	×	√	√	√	√					

四、计算分录题

1.
（1）货币资金=800+26 000=26 800（元）

存货=22 000+28 000=50 000（元）

流动资产=26 800+50 000+35 000=111 800（元）

非流动资产=200 000+40 000=240 000（元）

资产总额=111 800+240 000=351 800（元）

（2）流动负债=41 000+8 000+7 000=56 000（元）

非流动负债=26 000元

负债总额=56 000+26 000=82 000（元）

所有者权益总额=255 000+9 800+5 000=269 800（元）

2.
（1）①确认收入：

借：应收账款	305.1
贷：主营业务收入	270
应交税费——应交增值税（销项税额）	35.1

结转成本：

| 借：主营业务成本 | 189 |
| 贷：库存商品 | 189 |

②分配工资：

借：销售费用	110
管理费用	40
贷：应付职工薪酬——工资、奖金、津贴和补贴	150

③取得营业外收入：

| 借：银行存款 | 7 |
| 贷：营业外收入 | 7 |

④计提折旧：

| 借：管理费用 | 20 |
| 贷：累计折旧 | 20 |

⑤计提税费：

借：税金及附加	5.5
贷：应交税费——应交城市维护建设税	5
——应交教育费附加	0.5

⑥计提企业所得税=（2 050-1 269-25.5+50-30-190-270-20-17+40+37）×0.2=71.1（万元）

| 借：所得税费用 | 71.1 |
| 贷：应交税费——应交所得税 | 71.1 |

（2）营业收入=1 780+270+50=2 100（万元）

营业成本=1 080+189+30=1 299（万元）

营业利润=2 100-1 299-25.5+40-190-270-20=335.5（万元）

利润总额=335.5+37-17=355.5（万元）

净利润=355.5-71.1=284.4（万元）

3.

（1）计提：

借：所得税费用　　　　　　　　　　　　　　　　　　　　　　50

　　贷：应交税费——应交所得税　　　　　　　　　　　　　　　　50

结转：

借：本年利润　　　　　　　　　　　　　　　　　　　　　　　50

　　贷：所得税费用　　　　　　　　　　　　　　　　　　　　　　50

缴纳：

借：应交税费——应交所得税　　　　　　　　　　　　　　　　50

　　贷：银行存款　　　　　　　　　　　　　　　　　　　　　　　50

（2）净利润=200-50=150（万元）

提取法定盈余公积=150×0.1=15（万元）

借：利润分配——提取法定盈余公积　　　　　　　　　　　　　15

　　贷：盈余公积　　　　　　　　　　　　　　　　　　　　　　　15

分配现金股利：

借：利润分配——应付现金股利　　　　　　　　　　　　　　　80

　　贷：应付股利　　　　　　　　　　　　　　　　　　　　　　　80

（3）结转当年实现的净利润：

借：本年利润　　　　　　　　　　　　　　　　　　　　　　　150

　　贷：利润分配——未分配利润　　　　　　　　　　　　　　　　150

（4）盈余公积=10+15=25（万元）

未分配利润=30+150-15-80=85（万元）

留存收益=25+85=110（万元）

4.

（1）净利润=100-100×0.25=75（万元）

借：本年利润　　　　　　　　　　　　　　　　　　　　　　　75

　　贷：利润分配——未分配利润　　　　　　　　　　　　　　　　75

（2）计提：

借：利润分配——提取法定盈余公积　　　　　　　　　　　　　7.5

　　　　　　　——提取任意盈余公积　　　　　　　　　　　　11.25

　　贷：盈余公积——法定盈余公积　　　　　　　　　　　　　　7.5

　　　　　　　　——任意盈余公积　　　　　　　　　　　　　11.25

（3）分配及支付股利：

借：利润分配——应付利润　　　　　　　　　　　　　　　　　20

　　贷：应付利润　　　　　　　　　　　　　　　　　　　　　　　20

借：应付利润   20
    贷：银行存款   20

（4）未分配利润=5+75-7.5-11.25-20=41.25（万元）

五、实训题

1.长沙含光服饰公司2023年1月31日的资产负债表：

资产负债表（简表）

编制单位：长沙含光服饰公司   2023年1月31日   单位：元

资　产	期末余额	年初余额	负债和所有者权益	期末余额	年初余额
流动资产：		（略）	流动负债：		（略）
货币资金	400 968		短期借款	50 000	
短期投资	33 000		应付票据	25 000	
应收票据	0		应付账款	476 900	
应收账款	300 000		预收账款	0	
预付账款	0		应付职工薪酬	190 000	
应收股利	0		应交税费	51 391	
应收利息	2 500		应付利息	3 250	
其他应收款	50 000		应付利润	0	
存货	930 225		其他应付款	25 000	
其中：原材料			其他流动负债	30 000	
在产品			流动负债合计	851 541	
库存商品			非流动负债：		
周转材料			长期借款	50 000	
其他流动资产	9 200		长期应付款	0	
流动资产合计	1 725 893		递延收益	0	
非流动资产：			其他非流动负债	0	
债权投资	0		非流动负债合计	50 000	
长期股权投资	0		负债合计	901 541	
固定资产原价	1 575 500				
减：累计折旧	115 000				
固定资产账面价值	1 460 500				
在建工程	289 000				
工程物资	0				
固定资产清理	0				
生产性生物资产	0		所有者权益：		
无形资产	0		实收资本	2 400 000	
开发支出	0		资本公积	16 108	
长期待摊费用	0		盈余公积	62 385	
其他非流动资产	0		未分配利润	95 359	
非流动资产合计	1 749 500		所有者权益合计	2 573 852	
资产总计	3 475 393		负债和所有者权益总计	3 475 393	

2.

（1）①销售：

借：银行存款	1 107 400	
贷：主营业务收入		980 000
应交税费——应交增值税（销项税额）		127 400

②转本：

借：主营业务成本	695 800	
贷：库存商品		695 800

③购入：

借：固定资产	430 000	
应交税费——应交增值税（进项税额）	55 900	
贷：银行存款		485 900

④分配：

借：销售费用	24 150	
管理费用	13 800	
贷：应付职工薪酬——工资、奖金、津贴和补贴		33 000
——社会保险费		4 950

⑤销售：

借：应收账款	33 900	
贷：其他业务收入		30 000
应交税费——应交增值税（销项税额）		3 900

转本：

借：其他业务成本	28 000	
贷：周转材料		28 000

⑥出售设备：

借：固定资产清理	50 000	
累计折旧	200 000	
贷：固定资产		250 000
借：银行存款	45 200	
贷：固定资产清理		40 000
应交税费——应交增值税（销项税额）		5 200
借：资产处置损益	10 000	
贷：固定资产清理		10 000

⑦盘亏：

借：待处理财产损溢——待处理流动资产损溢	10 000	
累计折旧	70 000	
贷：固定资产		80 000
借：营业外支出	10 000	
贷：待处理财产损溢——待处理流动资产损溢		10 000

⑧计提折旧：

借：销售费用	80 000	
管理费用	90 000	
贷：累计折旧		170 000

⑨发生费用：

借：销售费用	12 000	
财务费用	5 000	
管理费用	20 000	
贷：银行存款		37 000

⑩转让：

借：银行存款	158 000	
贷：短期投资		120 000
投资收益		38 000

⑪计提税费：

借：税金及附加	10 000	
贷：应交税费——应交城市维护建设税		7 000
——应交教育费附加		3 000

⑫计提所得税：

利润总额=980 000−695 800−24 150−13 800+30 000−28 000−10 000−10 000−80 000−90 000−12 000−

5 000−20 000+38 000−10 000=49 250（元）

所得税费用=49 250×0.25=12 312.5（元）

借：所得税费用	12 312.5	
贷：应交税费——应交所得税		12 312.5

⑬结转：

收入类：

借：主营业务收入	980 000	
其他业务收入	30 000	
投资收益	38 000	
贷：本年利润		1 048 000

费用类：

借：本年利润	1 011 062.5	
贷：主营业务成本		695 800
销售费用		116 150
财务费用		5 000
管理费用		123 800
其他业务成本		28 000
税金及附加		10 000
营业外支出		20 000
所得税费用		12 312.5

⑭结转"本年利润"：

借：本年利润　　　　　　　　　　　　　　　　　　　　　　　　　36 937.5

　　贷：利润分配——未分配利润　　　　　　　　　　　　　　　　　　36 937.5

（2）长沙含光服饰公司2023年度的利润表：

利润表（简表）

编制单位：长沙含光服饰公司　　　　　　　2023年度　　　　　　　　　单位：元

项　目	行次	本期金额	上期金额
一、营业收入	1	1 010 000	（略）
减：营业成本	2	723 800	
税金及附加	3	10 000	
其中：消费税	4	0	
城市维护建设税	5	7 000	
资源税	6	0	
城镇土地使用税、房产税、车船税、印花税	7	0	
教育费附加、矿产资源补偿费、排污费	8	3 000	
销售费用	9	116 150	
其中：商品维修费	10		
广告费和业务宣传费	11		
管理费用	12	123 800	
其中：开办费	13		
业务招待费	14		
研发费用	15		
财务费用	16	5 000	
其中：利息费用（收入以"-"号填列）	17		
加：公允价值变动收益（损失以"-"号填列）	18		
投资收益（损失以"-"号填列）	19	38 000	
其中：对联营企业和合营企业的投资收益	20		
资产减值损失（损失以"-"号填列）	21		
资产处置收益（损失以"-"号填列）	22		
其他收益	23		
二、营业利润（亏损以"-"号填列）	24	69 250	
加：营业外收入	25	0	
减：营业外支出	26	20 000	
三、利润总额（亏损总额以"-"号填列）	27	49 250	
减：所得税费用	28	12 312.5	
四、净利润（净亏损以"-"号填列）	29	36 937.5	

综合模拟题1

一、单项选择题

题号	1	2	3	4	5	6	7	8	9	10
答案	A	C	D	A	A	B	B	C	D	A
题号	11	12	13	14	15	16	17	18	19	20
答案	B	D	C	B	C	B	C	D	D	B

二、多项选择题

题号	1	2	3	4	5	6	7	8	9	10
答案	AC	ABC	CD	ABD	ABD	ACD	ACD	ABCD	BC	BD
题号	11	12	13	14	15					
答案	AC	AB	BC	ABC	AC					

三、判断题

题号	1	2	3	4	5	6	7	8	9	10
答案	×	√	×	×	√	√	×	√	×	√

四、计算分录题

1.

（1）借：研发支出——费用化支出   16 500 000

         ——资本化支出   750 000

    贷：原材料   9 000 000

       应付职工薪酬   4 500 000

       累计折旧   750 000

       银行存款   3 000 000

（2）借：管理费用   16 500 000

    贷：研发支出   16 500 000

借：无形资产   750 000

  贷：研发支出   750 000

2.

（1）外购工程物资：

借：工程物资   500 000

    应交税费——应交增值税（进项税额）   65 000

  贷：银行存款   565 000

（2）领用工程物资：

借：在建工程   500 000

  贷：工程物资   500 000

（3）领用外购原材料：

借：在建工程   29 400

    材料成本差异   600

  贷：原材料   30 000

（4）领用产品：

借：在建工程   60 000

  贷：库存商品   60 000

（5）支付水电费：

借：在建工程   49 720

  贷：银行存款   49 720

（6）支付薪酬：

借：在建工程   175 000

  贷：应付职工薪酬   175 000

（7）竣工决算：

借：固定资产   814 120

  贷：在建工程   814 120

（8）7月份折旧额=（814 120-5 440）÷20×6÷12=20 217（元）

借：管理费用   20 217

  贷：累计折旧   20 217

3.

（1）发出商品：

借：委托代销商品   144 000

  贷：库存商品   144 000

运达公司收到代销清单：

借：应收账款   271 200

  贷：主营业务收入   240 000

    应交税费——应交增值税（销项税额）   31 200

（2）借：主营业务成本   144 000

     贷：委托代销商品   144 000

（3）借：销售费用   48 000

     贷：应收账款   48 000

（4）收到白沙公司支付的货款：

借：银行存款   223 200

　　贷：应收账款 223 200

4.

借：应收账款 101 700

　　贷：主营业务收入 90 000

　　　　应交税费——应交增值税（销项税额） 11 700

借：主营业务收入 5 400

　　应交税费——应交增值税（销项税额） 702

　　贷：应收账款 6 102

5.

（1）净利润=1 500 000×（1-25%）=1 125 000（元）

借：本年利润 1 125 000

　　贷：利润分配——未分配利润 1 125 000

（2）借：利润分配——提取法定盈余公积 112 500

　　　　　　　　——提取任意盈余公积 168 750

　　　贷：盈余公积——法定盈余公积 112 500

　　　　　　　　——任意盈余公积 168 750

（3）借：利润分配——应付利润 500 000

　　　贷：应付利润 500 000

借：应付利润 500 000

　　贷：银行存款 500 000

（4）未分配利润=100 000+1 125 000-112 500-168 750-500 000=443 750（元）

6.

（1）借：应收账款 49 720

　　　贷：主营业务收入 44 000

　　　　　应交税费——应交增值税（销项税额） 5 720

（2）借：主营业务成本 38 000

　　　贷：库存商品 38 000

（3）借：银行存款 48 840

　　　　财务费用 880

　　　贷：应收账款 49 720

五、实训题

1.甲产品生产成本=24 000÷（40 000+20 000）×40 000=16 000（元）

乙产品生产成本=40%×20 000=8 000（元）

借：生产成本——甲产品 16 000

　　　　　　——乙产品 8 000

　　贷：制造费用 24 000

2.借：银行存款 67 800

  贷：主营业务收入   60 000

    应交税费——应交增值税（销项税额）   7 800

3.见表综 1-5

4.借：待处理财产损溢——待处理流动资产损溢   50

  贷：原材料——甲材料   50

5.借：生产成本   88 000

   制造费用   8 200

   管理费用   8 800

  贷：应付职工薪酬——工资、奖金、津贴和补贴   105 000

6.单位：万元

（1）①借：应收票据   300

     银行存款   39

    贷：主营业务收入   300

     应交税费——应交增值税（销项税额）   39

 借：主营业务成本   200

  贷：库存商品   200

 ②借：生产成本   100

   制造费用   10

   管理费用   20

   在建工程   70

  贷：应付职工薪酬   200

 借：应付职工薪酬   200

  贷：应交税费——应交所得税   10

   银行存款   190

 ③借：其他业务成本   20

   贷：累计摊销   20

 ④借：银行存款   40

   贷：营业外收入   40

 ⑤借：应收账款   453

   销售费用   0.8

  贷：主营业务收入   400

   应交税费——应交增值税（销项税额）   52

   银行存款   1.8

 ⑥借：坏账准备   0.6

  贷：应收账款   0.6

（2）所得税费用=6 474 000×25%=161.85（万元）

借：所得税费用   161.85

 贷：应交税费——应交所得税   161.85

（3）锦湘公司 2023 年度的利润表：

利润表（简表）

编制单位：锦湘公司　　　　　　　　2023年度　　　　　　　　　　单位：元

项　目	行次	本年累计金额	本月金额
一、营业收入	1	10 800 000	7 000 000
减：营业成本	2	4 300 000	2 200 000
税金及附加	3	80 000	0
销售费用	4	28 000	8 000
管理费用	5	290 000	200 000
财务费用	6	10 000	0
加：公允价值变动收益（损失以"－"号填列）	7	0	0
投资收益（损失以"－"号填列）	8	12 000	0
其中：对联营企业和合营企业的投资收益	9	0	0
资产减值损失（损失以"－"号填列）	10	0	0
资产处置收益（损失以"－"号填列）	11	0	0
其他收益	12	0	0
二、营业利润（亏损以"－"号填列）	13	6 104 000	4 592 000
加：营业外收入	14	410 000	400 000
减：营业外支出	15	40 000	0
三、利润总额（亏损总额以"－"号填列）	16	6 474 000	4 992 000
减：所得税费用	17	1 618 500	1 248 000
四、净利润（净亏损以"－"号填列）	18	4 855 500	3 744 000

综合模拟题2

一、单项选择题

题号	1	2	3	4	5	6	7	8	9	10
答案	A	A	B	B	B	D	D	B	B	A
题号	11	12	13	14	15	16	17	18	19	20
答案	A	A	C	C	D	B	A	C	A	C

二、多项选择题

题号	1	2	3	4	5	6	7	8	9	10
答案	BD	ABC	BCD	ABC	BD	AB	AD	ABC	ABCD	ABD
题号	11	12	13	14	15					
答案	AC	AD	ABCD	ABD	AB					

三、判断题

题号	1	2	3	4	5	6	7	8	9	10
答案	×	×	×	√	√	×	×	√	×	√

四、计算分录题

1. （1）借：原材料　　　　　　　　　　　　　　　　　　　　　100

　　　　　应交税费——应交增值税（进项税额）　　　　　13

　　　　贷：预付账款　　　　　　　　　　　　　　　　　　　113

（2）借：短期投资　　　　　　　　　　　　　　　　　　　　49

　　　　贷：银行存款　　　　　　　　　　　　　　　　　　　49

（3）借：长期股权投资——成本　　　　　　　　　　　　　　10

　　　　贷：银行存款　　　　　　　　　　　　　　　　　　　10

（4）借：生产成本　　　　　　　　　　　　　　　　　　　　12

　　　　　制造费用　　　　　　　　　　　　　　　　　　　　3

　　　　　管理费用　　　　　　　　　　　　　　　　　　　　5

　　　　贷：应付职工薪酬——工资、奖金、津贴和补贴　　　20

（5）借：生产成本　　　　　　　　　　　　　　　　　　　1.68

　　　　　制造费用　　　　　　　　　　　　　　　　　　0.42

　　　　　管理费用　　　　　　　　　　　　　　　　　　　0.7

　　　　贷：应付职工薪酬——职工福利费　　　　　　　　　2.8

（6）借：应付职工薪酬——工资、奖金、津贴和补贴　　　　3

　　　　贷：应交税费——应交个人所得税　　　　　　　　　3

（7）借：应付职工薪酬——职工福利费　　　　　　　　　　1

　　　　贷：库存现金　　　　　　　　　　　　　　　　　　　1

（8）借：管理费用　　　　　　　　　　　　　　　　　　　　2

　　　贷：应付职工薪酬——非货币性福利　　　　　　　　　　　　　　　　　2

借：应付职工薪酬——非货币性福利　　　　　　　　　　　　　　　　　　　2

　　贷：累计折旧　　　　　　　　　　　　　　　　　　　　　　　　　　　2

（9）借：管理费用　　　　　　　　　　　　　　　　　　　　　　　　　　4

　　　　贷：应付职工薪酬——非货币性福利　　　　　　　　　　　　　　　4

借：应付职工薪酬——非货币性福利　　　　　　　　　　　　　　　　　　　4

　　贷：银行存款　　　　　　　　　　　　　　　　　　　　　　　　　　　4

2.（1）应交所得税=300×25%=75（万元）

借：所得税费用　　　　　　　　　　　　　　　　　　　　　　　　　　　75

　　贷：应交税费——应交所得税　　　　　　　　　　　　　　　　　　　75

借：本年利润　　　　　　　　　　　　　　　　　　　　　　　　　　　　75

　　贷：所得税费用　　　　　　　　　　　　　　　　　　　　　　　　　75

借：应交税费——应交所得税　　　　　　　　　　　　　　　　　　　　　75

　　贷：银行存款　　　　　　　　　　　　　　　　　　　　　　　　　　75

（2）净利润=300−75=225（万元）

借：本年利润　　　　　　　　　　　　　　　　　　　　　　　　　　　225

　　贷：利润分配——未分配利润　　　　　　　　　　　　　　　　　　225

借：利润分配——提取法定盈余公积　　　　　　　　　　　　　　　　　22.5

　　贷：盈余公积——法定盈余公积　　　　　　　　　　　　　　　　　22.5

借：利润分配——应付利润　　　　　　　　　　　　　　　　　　　　　100

　　贷：应付利润　　　　　　　　　　　　　　　　　　　　　　　　　100

（3）借：利润分配——未分配利润　　　　　　　　　　　　　　　　　122.5

　　　　贷：利润分配——提取法定盈余公积　　　　　　　　　　　　　22.5

　　　　　　　　　　——应付利润　　　　　　　　　　　　　　　　　100

（4）年末盈余公积=12+22.5=34.5（万元）

未分配利润=50+225−122.5=152.5（万元）

留存收益=34.5+152.5=187（万元）

3.（1）借：银行存款　　　　　　　　　　　　　　　　　　　　　　81 360

　　　　贷：主营业务收入　　　　　　　　　　　　　　　　　　　72 000

　　　　　　应交税费——应交增值税（销项税额）　　　　　　　　9 360

（2）借：应收账款　　　　　　　　　　　　　　　　　　　　　　67 800

　　　　贷：主营业务收入　　　　　　　　　　　　　　　　　　　60 000

　　　　　　应交税费——应交增值税（销项税额）　　　　　　　　7 800

（3）借：银行存款　　　　　　　　　　　　　　　　　　　　　　66 600

　　　　　　财务费用　　　　　　　　　　　　　　　　　　　　　1 200

　　　　贷：应收账款　　　　　　　　　　　　　　　　　　　　　67 800

（4）借：应收账款　　　　　　　　　　　　　　　　　　　　　101 700

　　　　贷：主营业务收入　　　　　　　　　　　　　　　　　　　90 000

　　　　　　应交税费——应交增值税（销项税额）　　　　　　　11 700

（5）借：主营业务收入   5 400

   应交税费——应交增值税（销项税额） 702

  贷：应收账款   6 102

4.

（1）①借：应收票据   300 000

    银行存款   265 000

   贷：主营业务收入   500 000

     应交税费——应交增值税（销项税额） 65 000

  借：主营业务成本   200 000

   贷：库存商品   200 000

  ②借：原材料   300 000

    应交税费——应交增值税（进项税额） 39 000

   贷：实收资本   339 000

  ③借：原材料   18 200

    应交税费——应交增值税（进项税额） 1 800

   贷：银行存款   20 000

  ④借：生产成本   9 040

    管理费用   4 520

   贷：应付职工薪酬——非货币性福利   13 560

  借：应付职工薪酬——非货币性福利   13 560

   贷：主营业务收入   12 000

    应交税费——应交增值税（销项税额） 1 560

  借：主营业务成本   9 600

   贷：库存商品   9 600

  ⑤借：待处理财产损溢   3 390

    贷：原材料   3 000

     应交税费——应交增值税（进项税额转出） 390

  借：营业外支出   3 390

   贷：待处理财产损溢   3 390

  ⑥借：在建工程   22 600

    贷：原材料   20 000

     应交税费——应交增值税（进项税额转出） 2 600

（2）应交增值税=11 600+65 000−39 000−1 800+1 560+390+2 600=40 350（元）

（3）借：应交税费——应交增值税（已交税金）   40 350

   贷：银行存款   40 350

5.

（1）①借：材料采购   218 200

    应交税费——应交增值税（进项税额） 27 800

   贷：银行存款   246 000

②借：原材料 196 000

材料成本差异 22 200

贷：材料采购 218 200

③借：原材料 49 000

应交税费——应交增值税（进项税额） 6 500

材料成本差异 1 000

贷：实收资本 56 500

④借：材料采购 11 000

应交税费——应交增值税（进项税额） 1 430

贷：预付账款 10 000

银行存款 2 430

借：原材料 9 800

材料成本差异 1 200

贷：材料采购 11 000

（2）材料成本差异率 $= \dfrac{10\,680 + 22\,200 + 1\,000 + 1\,200}{49\,000 + 196\,000 + 49\,000 + 9\,800} \times 100\% = \dfrac{35\,080}{303\,800} \times 100\% \approx 11.55\%$

（3）借：生产成本 262 365.6

贷：原材料 235 200

材料成本差异 27 165.6

（4）月末甲材料的计划成本=49 000+196 000+49 000+9 800−235 200=68 600（元）

月末甲材料的材料成本差异=10 680+22 200+1 000+1 200−27 165.6=7 914.4（元）

月末甲材料的实际成本=68 600+7 914.4=76 514.4（元）

6.（1）借：银行存款 2 500 000

贷：预收账款 2 500 000

（2）应确认的收入=4 000 000×60%=2 400 000（元）

借：预收账款 2 400 000

贷：主营业务收入 2 400 000

（3）借：劳务成本 2 040 000

贷：应付职工薪酬 2 040 000

（4）借：主营业务成本 2 040 000

贷：劳务成本 2 040 000

五、实训题

1.借：应付账款 25 800

贷：银行存款 25 800

资阳林丰工厂2023年5月份的利润表：

利润表（简表）

编制单位：资阳林丰工厂　　　　　　　2023年5月　　　　　　　　单位：元

项　目	行次	本年累计金额	本月金额
一、营业收入	1	（略）	320 000
减：营业成本	2		222 056
税金及附加	3		0
销售费用	4		4 000
管理费用	5		26 600
财务费用	6		0
加：公允价值变动收益（损失以"–"号填列）	7		0
投资收益（损失以"–"号填列）	8		0
其中：对联营企业和合营企业的投资收益	9		0
资产减值损失（损失以"–"号填列）	10		0
资产处置收益（损失以"–"号填列）	11		0
其他收益	12		0
二、营业利润（亏损以"–"号填列）	13		67 344
加：营业外收入	14		900
减：营业外支出	15		2 000
三、利润总额（亏损总额以"–"号填列）	16		66 244
减：所得税费用	17		16 561
四、净利润（净亏损以"–"号填列）	18		49 683

2.胜利公司2023年度的资产负债表：

资产负债表（简表）

编制单位：胜利公司　　　　2023年12月31日　　　　单位：元

资　　产	期末余额	年初余额	负债和所有者权益	期末余额	年初余额
流动资产：		（略）	流动负债：		（略）
货币资金	9 000		短期借款	30 000	
短期投资	0		应付票据	0	
应收票据	0		应付账款	5 000	
应收账款	11 500		预收账款	500	
预付账款	2 350		应付职工薪酬	10 350	
应收股利	0		应交税费	30 000	
应收利息	0		应付利息	0	
其他应收款	500		应付利润	11 500	
存货	27 500		其他应付款	4 500	
其中：原材料			其他流动负债	5 000	
在产品			流动负债合计	96 850	
库存商品			非流动负债		
周转材料			长期借款	10 000	
其他流动资产	2 000		长期应付款	0	
流动资产合计	52 850		递延收益	0	
非流动资产：			其他非流动负债	0	
债权投资	100 000		非流动负债合计	10 000	
长期股权投资	0		负债合计	106 850	
固定资产原价	200 000				
减：累计折旧	10 000				
固定资产账面价值	190 000				
在建工程	0				
工程物资	0				
固定资产清理	0				
生产性生物资产	0		所有者权益：		
无形资产	0		实收资本	140 000	
开发支出	0		资本公积	0	
长期待摊费用	0		盈余公积	11 040	
其他非流动资产	0		未分配利润	84 960	
非流动资产合计	290 000		所有者权益合计	236 000	
资产总计	342 850		负债和所有者权益总计	342 850	

技能达标题1

1.借：库存现金   100 000
   贷：银行存款   100 000

借：应付职工薪酬——工资、奖金、津贴和补贴   100 000
   贷：库存现金   100 000

2.借：银行存款   22 600
   贷：主营业务收入——A产品   20 000
      应交税费——应交增值税（销项税额）   2 600

3.借：其他应收款——黎令   2 000
   贷：库存现金   2 000

4.借：管理费用   1 260
      库存现金   740
   贷：其他应收款——黎令   2 000

5.长沙九江工厂2023年5月份的利润表：

利润表（简表）

编制单位：长沙九江工厂   2023年5月   单位：元

项　目	行次	本年累计金额	本月金额
一、营业收入	1	（略）	5 490 000
减：营业成本	2		2 570 000
税金及附加	3		10 000
销售费用	4		3 000
管理费用	5		70 600
财务费用	6		19 000
加：公允价值变动收益（损失以"-"号填列）	7		0
投资收益（损失以"-"号填列）	8		30 000
其中：对联营企业和合营企业的投资收益	9		0
资产减值损失（损失以"-"号填列）	10		0
资产处置收益（损失以"-"号填列）	11		0
其他收益	12		0
二、营业利润（亏损以"-"号填列）	13		2 847 400
加：营业外收入	14		10 000
减：营业外支出	15		30 000
三、利润总额（亏损总额以"-"号填列）	16		2 827 400
减：所得税费用	17		706 850
四、净利润（净亏损以"-"号填列）	18		2 120 550

技能达标题2

1.加权平均单位成本=（1 200×158+560 000）÷（1 200+3 500）=159.4894（元）

发出男上衣总成本=1 200×158+560 000-2 200×159.4894=398 723.32（元）

2.（1）6月份固定资产折旧额=（350 000+500 000）×0.2%+120 000×0.8%=2 660（元）

（2）见表技2-3

（3）借：制造费用   1 960

　　　　管理费用   700

　　　贷：累计折旧   2 660

3.（1）借：短期投资   100 000

　　　　　贷：其他货币资金——存出投资款   100 000

（2）借：其他货币资金——存出投资款   110 000

　　　　贷：短期投资   100 000

　　　　　　投资收益   10 000

4.借：生产成本——甲产品   10 500

　　　　　　　——乙产品   9 800

　　　　制造费用   7 700

　　　　管理费用   9 100

　　　　销售费用   5 250

　　　　在建工程   2 800

　　　贷：应付职工薪酬   45 150

5.批准前：

借：库存商品——A化妆品   5 800

　　贷：待处理财产损溢——待处理流动资产损溢   5 800

借：待处理财产损溢——待处理流动资产损溢   1 000

　　贷：库存商品——B护肤品   1 000

批准后：

借：待处理财产损溢——待处理流动资产损溢   5 800

　　贷：营业外收入   5 800

借：其他应收款   1 000

　　贷：待处理财产损溢——待处理流动资产损溢   1 000

6.长沙盛兴公司2023年6月30日的资产负债表：

资产负债表（简表）

编制单位：长沙盛兴公司　　　2023年6月30日　　　单位：元

资　产	行次	期末余额	年初余额	负债和所有者权益（或股东权益）	行次	期末余额	年初余额
流动资产：				流动负债：			
货币资金	1	954 522	1 265 670	短期借款	31	60 000	271 000
短期投资	2	24 000	13 500	应付票据	32	120 000	90 000
应收票据	3	55 200	269 190	应付账款	33	1 144 560	858 420
应收账款	4	720 000	222 400	预收账款	34	0	0
预付账款	5	120 000	90 000	应付职工薪酬	35	216 000	99 000
应收股利	6	0	0	应交税费	36	240 000	27 000
应收利息	7	0	0	应付利息	37	32 077.20	900
其他应收款	8	6 000	4 500	应付利润	38	38 659	5 940
存货	9	3 132 540	2 322 000	其他应付款	39	157 060	45 000
其中：原材料	10	540 000	450 600	其他流动负债	40	0	0
在产品	11	0	0	流动负债合计	41	2 008 356.20	1 397 260
库存商品	12	2 546 880	1 821 400	非流动负债：			
周转材料	13	45 660	50 000	长期借款	42	1 392 000	540 000
其他流动资产	14	0	0	长期应付款	43	0	0
流动资产合计	15	5 012 262	4 187 260	递延收益	44	0	0
非流动资产：				其他非流动负债	45	0	0
债权投资	16	0	0	非流动负债合计	46	1 392 000	540 000
长期股权投资	17	300 000	225 000	负债合计	47	3 400 356.20	1 937 260
固定资产原价	18	2 881 200	1 090 000				
减：累计折旧	19	240 000	100 000				
固定资产账面价值	20	2 641 200	990 000				
在建工程	21	693 600					
工程物资	22	180 000	1 350 000				
固定资产清理	23	0	0				
生产性生物资产	24	0	0	所有者权益（或股东权益）：			
无形资产	25	700 000	540 000	实收资本（或股本）	48	6 000 000	5 400 000
开发支出	26	0	0	资本公积	49	0	0
长期待摊费用	27	11 880	80 000	盈余公积	50	149 724.50	90 000
其他非流动资产	28	240 000	100 000	未分配利润	51	228 861.30	45 000
非流动资产合计	29	4 766 680	3 285 000	所有者权益（或股东权益）合计	52	6 378 585.80	5 535 000
资产总计	30	9 778 942	7 472 260	负债和所有者权益（或股东权益）总计	53	9 778 942	7 472 260

主要参考文献

［1］中华人民共和国财政部. 小企业会计准则［M］. 上海：立信会计出版社，2024.

［2］企业会计准则编审委员会. 小企业会计准则解读［M］. 上海：立信会计出版社，2024.

［3］小企业会计准则编审委员会. 小企业会计准则讲解［M］. 上海：立信会计出版社，2024.